桃花落尽
孔尚任

古风 著

团结出版社

图书在版编目（CIP）数据

桃花落尽孔尚任 / 古风著 . -- 北京：团结出版社，
2024.3
ISBN 978-7-5234-0644-1

Ⅰ . ①桃… Ⅱ . ①古… Ⅲ . ①孔尚任（1648－1718）
－传记 Ⅳ . ① K825.6

中国国家版本馆 CIP 数据核字（2023）第 232039 号

出　版：团结出版社
　　　　（北京市东城区东皇城根南街 84 号　邮编：100006）
电　话：（010）65228880　65244790（出版社）
　　　　（010）65238766　85113874　65133603（发行部）
　　　　（010）65133603（邮购）
网　址：http://www.tjpress.com
E-mail：zb65244790@vip.163.com
　　　　tjcbsfxb@163.com（发行部邮购）
经　销：全国新华书店
印　装：三河市东方印刷有限公司

开　本：163mm×240mm　　16 开
印　张：16.75
字　数：195 千字
版　次：2024 年 3 月　第 1 版
印　次：2024 年 3 月　第 1 次印刷

书　号：978-7-5234-0644-1
定　价：58.00 元

序　章

孔尚任（1648—1718），是清代大戏剧家，《桃花扇》的作者，在中国文化史上有着重要地位。孔尚任因其戏剧创作而被世人称道，他与清代的另一位戏剧家洪昇共同构成中国戏剧的两座高峰。孔尚任的《桃花扇》和洪昇的《长生殿》是中国戏剧创作中的经典，两人因此并称为"南洪北孔"。

孔尚任

孔尚任出生于 1648 年 9 月 17 日，出生地是山东曲阜的小湖村，是孔子的第 64 代孙。他出生的 1648 年是农历戊子年，如果沿用明朝纪年，就是明永历二年。但此时，清朝已推翻明朝统治，建立了大清王朝，这一年正是清朝顺治五年。这个时间背景对于孔尚任的成长有着特殊的意义。

孔尚任从小嗜读，聪明好学，积极向上，但是科举考试却不顺。考场屡遭失败，仕途无望。在父亲的安排下，孔家捐钱，给孔尚任纳了一个"例监"（国子生）的身份。虽有监生身份，却依然没有了却他走科举之路的心愿，因此郁郁寡欢。1678 年，30 岁的孔尚任再次科举考试失利，在落寞与孤寂中隐居于石门山中，闭门谢客，发奋读书著述。

在石门山隐居时，孔尚任完成了《石门山集》，用文字表达了他对于"隐士"的独特感受。在隐居期间，除了偶尔与朋友聚会，游历山色野景之外，绝大部分时间都用来读书和创作。特别是他搜集了大量南明史资料，计划创作一部传奇作品，这就是后来享誉天下的《桃花扇》的最初构想。

孔尚任才华横溢，却得不到官方赏识，但这并不意味着他将永久沉寂。有一个人非常赏识孔尚任，就是同样是孔子后代并世袭了孔家"衍圣公"称号的孔毓圻。孔尚任比孔毓圻大9岁，两个人曾在一起读书，孔毓圻很了解孔尚任的学识和为人，也很信任他。

孔尚任在石门山中隐居四年之后，也就是在他34岁之时，"衍圣公"孔毓圻盛情邀请孔尚任出山，修撰孔氏《家谱》，撰写《阙里志》，并希望把从孔子时代就形成，后来却被逐渐淡化的礼乐传授给孔氏子弟。对于儒家来说，礼乐之事是大事，礼乐废则儒学衰。不仅要把礼乐传授给后人，还要制造礼乐乐器。而这些，恰恰是孔尚任感兴趣之事。遇到知遇之人，孔尚任便走出了石门山。

1684年（康熙二十三年），康熙皇帝南巡归京，路过曲阜祭孔。孔尚任被推荐为康熙讲解《大学》，并作为康熙皇帝游览曲阜圣迹的向导，孔尚任的才华得到了康熙皇帝赏识，于是被破例授为国子监博士。

从1685年开始，孔尚任便走上了仕途。1686年到1689年他有近四年的时间随工部侍郎孙在丰到淮扬一带治河。治河期间结交了大量不愿与清朝合作的明朝遗老，以及文人墨客，搜集资料，为创作《桃花扇》积累了丰富的素材。

1690 年孔尚任回京后，便开始创作《桃花扇》，历经十载于 1699 年完成。《桃花扇》写成后，引起巨大反响，赞誉如潮，一时无双。

《桃花扇》的创作与演出成功，也引起清政府关注。康熙皇帝也索要了剧本。《桃花扇》创作的用意是"借离合之情，写兴亡之感"，核心思想是对已经逝去的明朝的怀念，表达复明之心。康熙读后大怒。本来孔尚任已经被提升为户部广东清吏司员外郎，康熙命令立即革去孔尚任的这个官职。因考虑到孔尚任是孔子的后代，所以没有要了孔尚任的命，但是官职一革，一切全无。

1701 年冬，孔尚任落寞失意地回到了曲阜。在随后的日子里，孔尚任郁郁寡欢，1718 年 2 月 12 日（农历正月十五）去世，享年 70 周岁。

孔尚任除创作了享誉天下的《桃花扇》外，还创作有《小忽雷传奇》《大忽雷传奇》，诗文文集《湖海集》《石门山集》《长留集》等。

在这里，要特别交代两个"身份"问题：

第一，孔尚任的孔子后代身份。

在谈及孔尚任的出身时，我们常常离不开孔尚任是孔子第 64 代孙的家庭背景，"孔子后代"这个身份对孔尚任有着非同寻常的意义。其实，我们应当清楚，孔尚任出生的时候，孔子已经去世 2127 年了，孔子生于公元前 551 年 9 月 28 日，逝于公元前 479 年 4 月 11 日。换句话说，孔尚任从某种角度看和孔子挨不着边儿，仅仅是因为其祖先中有个叫孔仲尼的人而已。

但是，在讲究家学师承的中国传统文化中，谈孔尚任，孔子第 64 代孙这个身份又是一个绕不开的话题。特别是儒学，更讲求师承家学的关系，搞创作做学问有来历是很重要的，而祖先孔子的存在恰恰为孔尚任的一生提供了无尽的益处。他的确是有意在传承儒家文化的精神，从根本上领悟与实践着孔子所倡导的仁、义、礼、智、信。孔尚任对于礼、乐、诗、书的研习，从事戏剧创作，显然都是受儒家文化的影响。另外，历代国家统治者都要把孔子搬出来，作为尊重知识、推崇礼仪的标本，这对于统治者是百利而无一害的。

孔尚任因孔子世家的身份得以仕宦，也因孔子后代的背景而受到保护。

第二，孔子后代的"衍圣公"世袭身份。

"衍圣公"这个封号始于宋代，宋仁宗在1055年封孔子的第46代孙孔宗愿为衍圣公始，孔家后代的长子长孙都世袭为"衍圣公"。"衍圣公"并非只是一个荣誉称号，而是既有荣誉又有实权的职位。在最初加封"衍圣公"的宋代，还仅仅是个八品文官，而后代不断地给"衍圣公"这个职位增加官级，到了明代朱元璋建立政权的时候，这个官位已经被抬升到了一品公爵。清代继续尊崇孔子，不仅承续了前代对"衍圣公"的官阶定位，而且，孔子第55代孙孔克坚的"衍圣公"的位置甚至被摆在文官之首，被极度推崇。孔家因此有了"天下第一家"的称呼，享有许多特权，在政治、经济、社会等各个方面有着举足轻重的地位。

历朝历代"衍圣公"的称誉和职位只传给长子长孙，孔尚任虽然承继祖荫圣恩，却不可能有此特殊的待遇。原因是，孔尚任不仅不是长孙，他甚至不是父亲孔贞璠的嫡子。孔尚任是父亲的第二个夫人所生之子，他之上还有两个同父异母的哥哥孔尚悫和孔尚仔。虽然孔尚任天生聪慧，却没有任何可以省略的辛苦和可依赖的捷径，他还必须苦读书，求进取。由于其出身和特殊的历史时代，他所付出的努力和承受的心理压力远大于同时代的其他人。

目 录

引子　寻访石门山

石门山是个巨大的诱惑。

这不只是因为孔尚任曾两度隐居于此，并终老石门山，且有老子在石门山讲学，孔子晚年居石门山研习《周易》，顿悟"加我数年，五十以学易，可以无大过矣"（《论语·述而》），更是李白、杜甫云游逗留、宴饮、常居之所。然而，我所好奇的是，这里为何具有如此大的魅力？是天灵、地灵，还是神灵、人灵？

寻访石门山成了萦绕在我心头的一块驱之不去的诱饵，冥冥之中在等待着一次机遇。

2023 年 9 月，神来之机降临。

9 月 26 日至 28 日，在孔子诞辰（9 月 28 日）纪念日前，一场规模颇大的"第九届尼山世界文明论坛"在山东济宁曲阜尼山举办。围绕着孔子文化、儒家文明，展开 10 场分论坛，而文学论坛恰是这个系列论坛的一部分，我便成为受邀参会者。

会议组织者问，到曲阜有什么特别要求？我脱口而出，要去寻访石门山。

这个要求与他们的预期有些出入，这不只是因为石门山虽在曲阜境内，却也有 25 公里路途，驱车需要 40 余分钟。重要的是这个论坛以孔子文化为核心，加上孔子光芒四射，有着巨大的吸引力，参会者多是要求参观孔府、孔庙、孔林这"三孔"，以及尼山、孔子博物馆等最知名的地方，很少有人提出去石门山的。

为一睹石门山神迹，我于 9 月 23 日提前抵达曲阜。曲阜市委宣传部的孔静老师以及作协的杨海蛟老师被安排专门陪同去寻访石门山，圆我一梦。孔老师是孔氏家族后裔，对孔子文化有了解，杨老师对孔尚任有研究，他对散曲和儒家礼乐有兴趣并研究已久，对《桃花扇》也多有研习。共同的爱好，让我们畅聊起来。不过，关于石门山与石门山的种种传奇与灵气，他们却有些陌生，这恰恰成为我们共同探究的内容。

到达曲阜时，已是下午 2 点左右，放下行李便驱车前去这向往已久的神奇之处。

因为撰写孔尚任的故事，书写一个大戏剧家的曲折生动的成长旅程，我做过许多研究，对石门山神往已久，也"密谋"已久。因此，一路上，我兴奋不已，与陪同的朋友们说个不停。我的情绪也感染着陪同的朋友们，他们对此次行程也充满了期待。

到达石门山时，管理处的刘静主任和石门山文化研究者陈宝杰老师已经等候在那里。他们将同我们一起探寻。刘老师是石门山景区的管理者，她先给我们每人递过来一瓶矿泉水，恰好我手里正有一瓶水，就说不用了。她却说，这瓶水可是要拿着的，这是"石门山矿泉水"

哦。我这才惊喜地看到了瓶子上的商标。刘主任说，这水就取自石门山泉，是特殊的水。我高兴地接了过来。

互相介绍之后，石门山研究专家陈宝杰先生带着我们开始了石门山之行。陈老师介绍说，自己从小就生活在"小湖村"，也就是孔尚任的出生与成长之地。由于这个原因，对石门山及其附近的名胜和风物有所了解和研究。每每有重要参访者来石门山都是由他这个"坐地户"来导览，这也促使他不断地研究这里的文化、地理，多年来积累了一些成果。

石门山原本叫"龙门山"，也称云山、云亭山，因两座山峰对峙，形如两扇门扉，民间都称之为"石门山"。这名称的确有吉祥之意，因为每每有文人墨客走进这扇石门，便会有丰硕成果出来：老子在此传播学问，孔子在此写出了《易》系辞，而孔尚任在此积蓄能量，写出诸多诗文，并酝酿出惊世骇俗的《桃花扇》。这扇不凡的门扉似乎充满了能量，走进去就能让人静心踏实，这里似乎有着去浮躁、蓄内神的作用。每当走出这两扇石门，人就变得自信而充满了能量。

我们到时，天是阴的。凉爽幽静，这恰好适合登山。陈老师指着前面最高处说，石门山右侧的"胜涵峰"是这里的最高处，海拔 406 米，有水雪洞、蟠龙洞等 24 景，尤以石门月霁为胜景。石门山在三千年前的商代就是重要的祭祀场所；春秋时期，孔子留下"山上有三石，名曰石门"的话，石门山成为孔子教学、弟子祭祀的圣地；孔尚任选择在此处隐居也有这个历史渊源。

我们先是站在山脚下望山形山势。山不高，却奇峰异石林立。南北两座山峰对立，其内氤氤氲氲蕴藉着神秘莫测的气运。两座山峰纵列着一道深谷，称为石门峡。陈老师指着石门峡说，这个峡谷底部流着的是一条清澈小溪，叫石门溪，您手里的矿泉水就取自那条溪水。

我看了看手里的水瓶笑着说，出自这么神奇纯净环境中的水一定有治愈之效。

沿着缓坡一路前行，前方是洗耳亭。再向前行，就是石门寺，这是曲阜地区唯一的一座寺院，原本是个道观，也是传说中老子讲学的地方。

陈老师反身指着远处的山坡说，站在孔尚任隐居的那个地方就可以看到这里。当年孔尚任与这里的和尚关系很好，两个人经常在一起喝茶聊天，对诗吟诵，很自在。而寺庙里的钟鼓之声也能传送到孔尚任的孤云草堂去，遥相呼应。

我问，不是道观吗，后来怎么变成了佛寺？

陈老师说，这是明朝的事。我查过资料，明朝皇帝朱元璋信奉佛教，因为他本人落魄潦倒时就曾经当过和尚。所以，明朝建立以后把道教的"天师"——张天师、李天师之类的都改成"真人"了。朱元璋问"天有师乎？"他怀疑，哪里有什么"天师"啊，最多是"真人"嘛。所以，原来被称为"天师"的道人都改称为"真人"了。而一些道观也就改成了佛寺，虽然并没有把全部的道观都改成佛寺，但确实有一些改了。这座石门寺也就是那个时候由道观改成佛寺了。

我说，不仅改成了佛寺，而且受到特别的待遇。

陈老师有些疑惑地问，您怎么知道的？

我笑着指着寺庙屋顶说，您看，能享受黄澄澄琉璃瓦待遇的佛寺并不普遍，这种建筑通常是受到特殊待遇的标志，要么与皇亲国戚有关，要么是皇帝出家之所。

陈老师肯定地说，您说得没错。这里之所以敢用这种只有皇家建筑才可以使用的黄色琉璃瓦正是因为石门寺与明朝的开国皇帝朱元璋有点瓜葛。当年朱元璋倒霉时，也曾经在石门山一带流浪过，得到过这个道观的接济。他对帮助过他的人感恩不尽，当了明朝的皇帝后，特意免去石门寺的皇粮国税，还准许石门寺的屋面上使用四道琉璃黄瓦。

我说，这真是一块宝地！孔尚任或许知道这个典故，想借借这里的仙气吧。我可以想象出，孔尚任与和尚坐在寺外，在石桌上摆上棋盘对弈的情景，也可以想象出他们边饮茶边畅聊的场面。这周围溪流潺潺，鸟语花香，薄雾弥漫，神仙之所呀！

离开石门寺，前方就是秋水亭、鹿游岭和二贤望佛亭。我推测"二贤望佛亭"这个称呼应当是后人的附会之称，因为是李白和杜甫的聚会之所，所以才称"二贤"。这座亭子位于石门寺上方的一个避风处，景色独好，恰巧可以看到石门寺。而李白那个时代的石门寺还不是佛寺，而是道观，所以称其"二贤望佛亭"至少是明朝以后的事情，与李白时代相差五六百年的时间。

许多人都没有意识到的是，李白（701—762）这个乐山好水的浪漫诗人，在世 61 岁，却竟然有 23 年是在任城（即济宁、曲阜）一带度过的，也就是李白生命的三分之一多的时间都花在曲阜一带。

唐玄宗开元二十四年（736 年），李白携妻带女，从湖北的安陆到达任城，也就是现在的济宁。为了聚众方便，他选在一家酒楼附近居住，与诗人朋友、歌姬美人、达官显贵饮酒作诗。醒后便游山玩水，纵情自然。他的足迹遍及曲阜一带，而石门山也是他经常光顾之地。

唐朝诗人张叔明也曾隐居于石门山。张叔明是唐"竹溪六逸"之一的著名诗人，他在石门山隐居时，李白和杜甫就经常结伴拜访，相谈甚欢。

这些大诗人在石门山的隐居与逗留,孔尚任在《石门山记》里都有记叙:

> 唐张叔明,亦鲁诸生也,卜宅其麓。杜子美有《访张氏隐居》诗,又有《与刘九法曹、郑瑕丘石门宴集》诗;李太白亦有《鲁城东石门送杜甫》诗,皆其处也。

唐玄宗天宝四年(745年)秋日,李白与杜甫相伴游历石门山,两人摆下酒饭,端坐山间,饮酒畅谈,成为他们人生的最后绝响。后,李白写有一首《鲁郡东石门送杜二甫》来纪念这次会面:

> 醉别复几日,登临遍池台。
>
> 何时石门路,重有金樽开。
>
> 秋波落泗水,海色明徂徕。
>
> 飞蓬各自远,且尽手中杯。

宴别后,杜甫去了长安,李白则云游江东,从此未再见面。

再向山上走就到了我特别想寻访的"孤云草堂"了。这里是孔尚任长达23年的两度隐居之所。

孤云草堂处在一个自然的平台之上,房前是一块五六十平方米的平地。陈老师介绍,这里的三间房子和几间厢房是后来重建的,但地基还是原来的。房子的两扇红色小门封着。草堂前种有一棵杏树,我猜想是后人所植。房前竖立着孔尚任的石像,石像目视前方不远处的石门寺方向，淡然若思。

草堂背后依靠的是椅背状的山峦，恰好可以挡住冬日的寒冷北风，面向正南的太阳。在草堂不远处是溪流，可以解决日用饮水，稍靠后一些的地方是一块平整的土地，可以种地。从草堂门外可以望见石门寺，早晨在或浓或淡的薄雾中醒来，听溪水流动，看漫山绿色，嗅自然气息，有仙境超凡之感。

1678年，30岁的孔尚任科举考试失利，郁郁寡欢。好友伴其游览石门山，他被这里的青山秀水吸引，心花怒放，决定选最佳处建起自己的隐居之地。于是，他便在这里搭建起三间草房，丢掉了凡尘俗世，开始了隐居生活。

从1678年隐居开始，至1683年35岁应"衍圣公"孔毓圻邀请出山的5年时间里，他在这里隐居著述，写出了《石门山集》等诗、文，还酝酿着一部惊世骇俗之作，也就是《桃花扇》。1685年37岁因给皇帝讲经导览被康熙赏识，离开曲阜进京为官15载。1700年52岁的孔尚任因《桃花扇》被罢官免职，再次回到石门山隐居，直至1718年70岁去世，又在石门山居住18年，前后共23年的时间。

石门山的孤云草堂是孔尚任的精神家园，在他最不得志的时候这里是他回归心灵寻找自我的地方。这三间茅草房给了他巨大抚慰，让他在这里疗伤修复。

孔尚任寄情于石门山的绿色淡然美景，接受先贤圣祖精神沐浴，出世读书写作，是他一生最佳抉择。他曾写诗一首：

出山无计入山难，卜宅端宜此地安。

几缕炊烟僧饭熟，半弯流水夕阳寒。

时闻犬吠知村近，静听钟声忘夜阑。

记得岚光青到枕，侵尽秀色耐人餐。

　　虽对世间仍有流连，他却在这里找到了避风港，卸下所有重负。"几缕炊烟僧饭熟""静听钟声忘夜阑""侵尽秀色耐人餐"那种既虚无又实在的感觉让他沉醉迷恋，这种安逸与超脱，让他不再惧怕风吹雨打，不再为仕途追求所困扰。孔尚任对石门山情有独钟，以至后来竟"即之不能离，离之不能忘"。

　　我们站在孤云草堂前，望山前那一片青色山峦，顿感舒畅。在这里，你可以想象出昔日孔尚任站在同样的地方，望向石门寺，望向青山绿水时的那种仙境般的缥缈感，令人陶醉。站在这里的石岩上就能够看到峡谷间流淌着的清澈的小溪了。小溪还形成了一帘小瀑布，白色的水花飞舞在壁崖上，虽不壮观却也让人心静。

　　在孤云草堂逗留一段时间后，沿着一条石岩小路向前继续走，就见到了"孔子登临处"。那里有块大石，上面即刻写着这样的字。旁边是"孔子登临亭"。周围有大大小小的青色坚硬石头，有的石头上还刻有"龙头石""虎头石"等字样。这里的独特地理环境造就了独具石门山特色的石岩，即是"石"门山，石头的奇特就不在话下，含珠台、照玉镜、芙蓉岩、滚丹坡等都是天然形成的石头景观。各种树木繁茂丰富，据统计有33科146种之多。

　　在我们结束这次寻访之行时，石门山管理处的刘静主任给我们每个人一把折扇，她解释说，这把扇子上把石门山的所有景致都写到了。我们欣然接受，道谢告辞。

　　从曲阜归来，翻出《桃花落尽孔尚任》书稿，就有了新的感觉。

第 01 章　明臣之子

1648 年 9 月 17 日，山东曲阜。天空湛蓝，偶尔有白云飘过。

小湖村的下午，阳光灿灿，鸡犬相闻，儿童嬉闹声时时传来。田野上农人们为即将来到的秋收而忙碌着。风调雨顺，一如既往。人们喜气洋洋，一切都预示着一个好收成的到来，祥和而平静的日子里似乎正在酝酿着某种重大而又隆重的事件。

小湖村孔贞璠家里在忙碌着。孔贞璠的妻子吕氏临盆在即，一切准备就绪，只等喜悦的一刻。正堂的八仙桌旁孔贞璠和好友贾凫西正在饮茶说话。

贾凫西有些不好意思地说：

"实在不知兄长的三公子要出生，不然不会在这个时候拜访。"

孔贞璠拱拱手：

"贾兄，自家人别客气。你的到来是给我送喜的，这也是个吉祥兆头，有贾兄这样一位贵人与我一起等待着他的出生，你给我们带来了福气。"

孔贞璠亲热地轻抚贾凫西的手背，关切地问：

"平素你我忙碌，难得一见，贾兄今日到来必然有事，不妨说出来。"

贾凫西见孔贞璠看得明白，便叹了口气：

"贞璠兄，你不知呀，我从京城躲避到小湖村来，本想大清王朝就会放过我们这些明朝的老臣，也让我们平平静静地过个安生的日子。'一臣不事二主'，咱们既然是大明王朝的臣子，就不能再做大清朝的官了，这不是很简单的道理吗？"

孔贞璠赞同：

"如今南明朝廷苦苦挣扎，只要齐心协力，各地反清势力纷纷起义，我看恢复大明天下还是有望的。虽然大清王朝已经占领了大部地区，可是，清朝将官也有清醒的，江西提督金声桓、广东提督李成栋、广西巡抚耿献忠、大同总兵姜镶、延安营参将王永强、甘州副将米喇印不都反了大清吗？他们重新回归明朝是个好兆头。目前，沦陷的诸多地方的反清势力也在增长，各地的反清力量大大小小的，也不少啊。我看大明朝的恢复指日可待。"

贾凫西却忧心忡忡地摇着头：

"贞璠兄，虽如此，却并不乐观呀。表面上看，似乎反清力量在积累增加，可问题是，南明朝廷气数已尽，苟延残喘而已。国家已亡，逃到南方的朝廷，却依然歌舞升平，腐败无能，内讧不断，结党营私，任由阉党专制，横行霸道。南明朝廷矛盾重重，各派势力你争我斗，互相攻讦。对各地的反清农民军不仅不团结利用，反而还打击、压制、排挤，这就失去了民心啊。本来，清军入关后，军队疲劳，政权不稳，是个反击的好机会，却把大好时机白白放弃了。内斗、争权夺利，残害忠臣良民，让清朝政权得以喘息，复又反扑。如果不把这些祸国殃民的乱臣贼子清除掉，大明天下难得恢复呀！"

孔贞璠赞同：

"贾兄看得透彻。轰轰烈烈的反清大潮背后，的确存在着巨大的不稳因素，要是个明君就首先清醒地认识到这一点。可是，如今的皇帝除了南逃保命，昏庸无道，任人唯亲之外，也是不可能有什么大作为的。"

贾凫西言：

"既然大明朝完了，我们这些大明遗臣又如何苦熬下去？"

孔贞璠道：

"我看，虽然明朝没有希望了，大清朝的官，也是不能当的。这是气节问题。"

贾凫西苦恼地望向孔贞璠：

"我和孔兄想的是一个意思。可是，现在的问题是，咱们不想当大清的官也不行啊，他们派人逼我回京城去官复原职，为大清卖命。他们再三劝说，劝说不行，这不，开始威胁了。要抄家，要断供，要赶人。还不知道这一关如何过。"

孔贞璠无奈地说：

"生不逢时啊，好好的大明朝，说完就完了。还得做亡国之臣，难呀，难呀！"

喜气洋洋的仆人快步跑进来打破了沉闷之气。仆人叫着：

"老爷老爷，生了，生了！是个男孩！"

贾凫西拱手祝贺：

"恭喜恭喜！恭喜贞璠兄！"

孔贞璠喜不自胜地还礼：

"同喜同喜！贾兄带来了吉祥。"说完，孔贞璠抱歉地对贾凫西说：

"贾兄稍坐，我去看看母子。"

贾凫西连忙起身道：

"孔兄去忙，我也就此告辞了，等日后再来道贺。"

孔贞璠非常不好意思地说：

"我也就不留贾兄了，待日后寻机赔罪！失礼失礼！"

孔贞璠把贾凫西送到门口，挥手告别。此时，新生儿的哭声从房子里传出。

第02章 天降我才

按照孔氏家谱的排序，孔贞璠是孔子的第 63 代孙，其子自然是第 64 代。再按祖谱顺序，这个新生儿为"尚"字，其上有两位哥哥，一是孔尚悊，二是孔尚仔。孔贞璠据孔子《论语》："士不可以不弘毅，任重而道远。仁以为己任，不亦重乎。"且孟子有名言："天将降大任于斯人也"给这个新生儿取名"孔尚任"，又因其为三个儿子中的最小者，取"季"字和"任重而道远"中的"重"字，则其字号为"季重"。不仅含有"天降大任"于此儿之意，也有"任重而道远"的意思在内，对"孔尚任"寄予了很高期待。

1648 年是农历的戊子年，孔尚任属鼠。这已是清朝顺治五年，也就是清朝政府建立的第 12 个年头。虽然大清王朝已经建立了 12 年，因为大明朝并未完全消亡，在南方还残存着"南明"政权，对于孔贞璠这样忠于大明王朝的子民来说，他们宁愿使用明朝的纪年，而拒绝承认大清朝的纪年方式。因此，在孔贞璠记忆中，三子孔尚任出生的时间是明永历二年（1648 年）的 9 月 17 日。

孔尚任的出生给孔氏家庭带来了欢乐与希望，孔贞璠更是爱不释手，经常怀抱着孩子在孔宅的院子里走来走去。孔尚任天生喜色，一哭一笑，一伸手一蹬腿都招来孔贞璠的疼爱。

不久，好友贾凫西又来看望，孔贞璠把孩子抱到贾先生面前请他相看。贾凫西仔细端详一会儿，大赞道：

"这孩子天庭饱满，地阁方圆，眉清目秀，鼻直口方，耳大脸方，日后必成大器！"

孔贞璠高兴地回应：

"借贾兄吉言！"

贾凫西颇为凝重地说：

"当今世道，明亡清立，举大业者必然是后生之辈。天下大乱，必出英才，尚任的前程不可限量。我看好这孩子。"

孔贞璠把孩子交给仆人后，请贾凫西到正厅，让坐看茶。

孔贞璠说：

"尚任出世，也了却我一大心病。前面虽有尚惢、尚仔二子，可是总感觉聪慧不够，乃至有些迟钝。但愿尚任是个悟性高的孩子，要光大孔氏家学，就靠他了。"

贾凫西肯定地说：

"这是自然的。我看尚任两眼明亮，机灵可爱，是个大福大贵、大明大慧之辈。"

贾凫西端起盖碗，稍稍吹了一下，抿了一口水：

"贞璠兄，我这次到府上，一是看看这个未曾谋面的侄子，二是想跟你告个假。不得不去京城赴任了，真是有些舍不得。"

虽事前已经知道这个结果，却也令孔贞璠感到意外：

"这么快？何时动身？"

贾凫西叹息一声：

"逼得紧啊，明日就得走了。"

"也好。或许这一去，又是一片新天地呢。"

贾凫西有些遗憾地说：

"这样，就不能跟贞璠兄经常在一起聚谈了，真羡慕你，不为五斗米折腰，能自由地享受天伦之乐。不过，我会经常回来的。"

两位老友就此道别。

在父母和家人的关爱与照料下，孔尚任蹒跚学步，咿呀学语，慢慢成长。两个哥哥也非常喜欢这个聪明的弟弟，他们在一起玩耍，在一起识字。在儿子成长的时光里，孔贞璠忘掉了烦恼和忧思，尽情沉浸在快乐幸福之中。

随着孔尚任的一天天长大，他的善良与聪慧也渐渐地显露出来。

一天，正抱着孔尚任在村街上行走的孔贞璠被一阵尖利的猪叫声吸引。声音是从不远处传来的，正在孔贞璠怀里吃梨的孔尚任被惊着。父亲孔贞璠抱着他快走了几步，看到村头一家正在忙活着拉一头肥大母猪。那头母猪使劲退缩着不愿意走，还眼泪汪汪地望着几只正在叼着奶头不住吸吮的小猪崽儿，几个壮汉却又推又拉地在与母猪较劲。

孔尚任看到这情景有些害怕地哭了，问父亲：

"他们为什么要把猪妈妈拉走，不让猪崽儿吃奶？"

孔贞璠问那户人家：

"这是为何？"

那人说：

"我们把母猪卖给了他们。"卖猪的人说，"母猪刚下一窝崽子，还没断奶呢，不想走。"

孔尚任听明白了，他大方地把刚刚咬了两口的梨扔到了地上，让猪崽们去啃。然后，孔尚任又从衣袋里掏出了几个大枣，扔给了小猪。

卖猪的人很感动：

"咳，看看人家一个孩子都懂得照顾刚刚出生的猪崽儿，我就这样急着把它们分开了，真是不地道！不卖了，不卖了。"

孔贞璠高兴地说：

"等这几只小猪断奶了再卖也不迟嘛。就是晚个几十天的事。"

卖猪的和买猪的都点头同意。卖猪的更是特别感激孔氏父子：

"要不是这个孩子的善良之举，恐怕今天就要把它们母子们分开了。"然后，卖猪者拉着孔尚任的小手很欣赏地说：

"这孩子有出息，日后定成大事。"

孔贞璠也抚摸着孔尚任的后背，非常欣慰地说：

"孩子，你让这几头猪重新有了亲娘。"

父亲兴高采烈地抱着孩子走进家门，跟妻子吕氏学说了刚才孔尚任的举动，妻子高兴地接过孩子亲了两口称赞道：

"我儿从小就这么懂事，必成大器。"

孔贞璠也赞同：

"此子可教也。"

从京城回乡探亲的贾凫西这时恰好来到孔家，听到这个事也大赞道：

"尚任这孩子前途无量。一个人学问大小在其次，关键是心地，善良与否决定了他的前程。"

孔贞璠也说：

"立德成，积小善成大德。厚德才可载物，这孩子天生让人喜欢……我是不是有些自夸了？"

两个人哈哈大笑。

贾凫西笑着说：

"一点也不自夸，这是孩子的天性，小善如涓流，小恶如磨石。西晋《三国志》有言：'勿以恶小而为之，勿以善小而不为。惟贤惟德，能服于人。'立人先立德，这是孩子的本能所示啊。"

孔氏家族有着丰厚而又扎实的儒学传统和世袭学养，孔贞璠本是个举人，博学多才，只是因为自己要奉养父母，且因对大明王朝念念不忘，不愿做清朝的官而没取功名而已。

为了给三个儿子创造更好的教育环境，孔贞璠下了大功夫。他不仅精心准备了讲义文案，还特意在曲阜城西门外的苗孔村购置了一块地，建起一所新宅子。

选择苗孔村建新宅的原因，一方面是孔贞璠觉得原来小湖村的宅子条件还不够好；另一方面苗孔村有"进士村"的美誉，孔贞璠也有借"进士村"之名，图个吉祥之意。孔贞璠为儿子的成材，可谓煞费苦心。

"苗孔"是指苗姓与孔姓两个姓氏，在苗孔村居住者，多以这两姓为主。这里是孔子文化和儒家传统的传播重地。《阙里志》记载，苗孔村"亭台花竹，为鲁中胜地"。苗孔村最显著的标志是这里的水系发达，池塘较多。处处是河水缠绕，溪流潺潺，葱葱郁郁，环境秀美，又临近官道，出入方便。

正因有绿树成荫，水系密布，从元代开始，这里就逐渐聚集起一些有钱大户，建房常居。到了明朝，文人在苗孔村建别墅修宅院之风更盛，小有规模。不只为这里的环境，更为这里的书香人文氛围。这里不断有人考取功名，形成有名的"进士村"，不断有人从这里走上仕宦之途，似乎有些"仙气"。

孔贞璠恰是看中了这里的地理环境和人文背景，才选择苗孔村建起一幢大宅别墅，为这个颇具规模的大宅取名"长松亭"。建成之后，孔贞璠在这里为孩子们开课讲经，授业传道，孔尚任的启蒙教育便开始了。当然，在教学之余，"长松亭"还成为孔贞璠召集文人雅士聚会作诗，宴饮畅谈之所，此处常常洋溢着文气墨香。

孔贞璠亲自给三个儿子上课，《论语》《孟子》《大学》《中庸》《诗经》《尚书》《礼记》《易经》《春秋》一本本地念，一天天地学。孔贞璠的国学功底深厚，教法独特，在亦师亦父的环境下，孔氏三兄弟都进步很快。尤其是孔尚任表现出其先天的优秀品质，在记忆、理解和思考方面都略胜一筹。在教学中，孔贞璠越发感觉孔尚任的聪颖和非凡之处，就越加喜爱。虽然三个儿子都是亲骨肉，但在孔贞璠的内心却还是有些偏爱的，他对孔尚任寄予了更多希望。

孔尚任好学、勤奋和灵活机智，得到了很多人的赞许。与同龄人相比，他天资聪颖，接受力、领悟力都很强，博闻强识，出口成章。五岁的时候，有人想试探其是否真如传言那样聪明，就出对联考他，而他却不假思索，出口成章，引得大家惊异，夸他是神童。父母更是把孔尚任视为珍宝，悉心呵护。

第03章　四氏学堂

四氏学堂

孔贞璠潜心教育儿子，给孔尚任打下了极为扎实的基础。孔尚任8岁的时候，孔贞璠决定把他送到"孔孟颜曾四氏学堂"系统学习儒家经典，接受更为全面的儒家传统教育。

"孔孟颜曾四氏学堂"通常被称为"四氏学堂"，是孔子后代和孔子学生的后代建立起来的学堂，专门培养四个族姓的弟子。由于四氏学堂名声太大，周围地区非四姓弟子也想进入学堂，后经朝廷协调，同意四姓之外的孩子也补部分进入四氏学堂学习。但要求苛刻，很少有孩子能进入，日常还是以四姓弟子为主。

四氏学堂的教育制度，可以追溯到孔子的"杏坛"讲学活动。

据《庄子·渔父》叙述，孔子带着弟子们行游天下，有一次他们选择了一块舒适的江边杏树林休息。周围是茂盛的树木，树叶低垂，遮挡着火热的阳光。孔子所坐的地方是一块高高的平台，他就在这里给弟子们读讲《诗》《书》，所以孔子讲学之处被称为"杏坛"。

孔子去世后，鲁国国君哀公为祭祀这位文化巨人，便将孔子在江边讲学的地方修建了三间房屋，成为一座庙，也就是如今孔庙这个地方。随后，因为历代统治者都尊孔推儒，在原来地基之上不断扩大房屋面积，形成一定的规模，并在周围种植杏树，形成真正的"杏坛"，用以开办学堂，传承儒家文化，继承孔子的"开门设教""有教无类"的遗训，这是中国历史上私人办学的开始。这与官方开办的官学不同，官学的教育对象完全是针对有钱的贵族后代，而平民是没有资格接受教育的。孔子以及后代的私学兴起，把受教育的权利推及到了普通人。

当然，孔子后代开办的私学，也基本上限于孔子后人，其教员也是从孔子后人或者他姓中的优秀者中选择。

公元221年，即三国时期的魏文帝黄初二年，皇家积极推动孔子庙宇的修建，其规模再次扩大，并在庙外建起了一些房屋，用于来孔庙学习的弟子们居住，使得原来只有学堂而无宿舍的孔庙有了住宿之所。这也是"住校制"的开端。

中国封建社会虽久经战乱纷争，但对于孔子儒学却都是推崇备至，到了宋代更是如此。1008 年（宋大中祥符元年），宋真宗赵恒追封孔子为"玄圣文宣王"，并扩建孔子庙，亲作《宣圣赞》，称颂孔子为"帝王之师"。1011 年，孔子第 44 代孙孔勖上书请求在家学旧址重建讲堂，从此孔氏家学改为庙学。

随后，便逐渐形成了较为规范的家学教育制度。1086 年（元祐元年）10 月，宋哲宗再次叫人改建孔庙学堂，并制定了较为严格的教育制度，设立专职"教授"一名，专门针对孔氏子弟讲学。同时，允许同村与邻近村民中那些愿意学习的普通人入学，特别是颜孟两个姓氏的弟子。

重视儒学教育，规范教育制度，使得孔氏学堂越来越有名气，不断得到官方的支持。到了明代，1368 年（明太祖洪武元年），明政府将孔颜孟"三氏"庙学改名为"三氏子孙教授司"。至 1587 年（明神宗万历十五年）时，在"三氏学堂"的基础上，增加了曾氏子孙，称为"四氏学堂"。

四氏学堂招收的学生，起初并不严格，只要是年满 13 岁的四氏孩子都可以入学。在明代，四氏学堂的规模通常是二三百人，有时也不太确定，基本是有多少收多少。

那一日，孔贞璠带着两个家人，担着应交的"月粮"和学费，带着孔尚任游览四氏学堂。

他们来到气派庄严的学堂大院前，孔贞璠对孔尚任说：

"这里就是你今后读书求取功名的学堂了。这所学堂的学生个个都是聪明的孩子，差不多都是孔圣人的后代，书念得好，人做得好。你的两个哥哥早你几年进学，你可要用功追赶呀。"

孔尚任听话地说：

"父亲放心，儿笃定用心。"

孔贞璠指着四氏学堂对孔尚任说：

"从这里走出了不知多少秀才举人，有太多的孔门后人为国出力，你们兄弟三个要给孔家争气呀。"

整个四氏学堂是按照孔学的规制和儒家的礼制而建。学堂前面是三扇威严的前仪门，前仪门的左右两侧各有一扇角门，正中间是大门。大门上方挂着"四氏学堂"的匾额。门外左右是八字墙。

管家们已经走进学堂交纳学资去了。孔尚任跟在父亲身后，走过门前的璧水圜桥，再走过中间的甬道，来到了桥前的状元坊，他们站住了。在这里驻足看了一会儿，读上面唐代大文人们的题名。随后来到另一侧的捐资者石碑前。

孔贞璠感慨：

"孔氏后代历来都是重教重德的，有这么多人为四氏学堂捐资鼎力支持办学，看这上面的名姓，要记住这些人。"

随后，他们迈进了四氏学堂的大门。他们穿过学堂的明伦堂前的大院子，直接进到左侧的学录院落。孔贞璠有时来看望已在这里学习的孔尚悫和孔尚仔，同时拜访问询在这里当学录的孔贞灿，这里的仆人管家都对他比较熟悉。有个仆人笑眯眯地说：

"孔先生来了？我就给您回禀。"

孔贞璠也微笑着拱拱手：

"那就劳烦了！"

仆人快步走进学录的正堂去，不一会儿，孔贞灿就快步走出来。

孔贞灿看上去身体比较单薄，却很精神，走路四平八稳。他迎出门来，拱着手微笑着给孔贞璠行礼道：

"贞璠兄，请请请！"

孔尚任上前恭敬地给孔贞灿行礼：

"叔叔好！"

孔贞灿高兴地说：

"好好好！"

然后对孔贞璠说：

"你这三位公子，个个都这么机灵聪慧，知书达礼，让人羡慕！尚恕和尚仔这两个孩子在学堂懂事、听话，踏踏实实，我看这尚任也错不了。走走走，到里面去。"

孔贞灿拉着孔尚任的手，和孔贞璠并肩走进正厅。

正厅宽敞明亮，正中悬挂着孔子像，仆人们进进出出正在准备招待客人的茶饮。

宾主落座后，孔贞灿指着站在孔贞璠身旁的座椅说：

"尚任也坐吧。"

孔尚任连连摆手：

"小侄不敢！"

孔贞璠说：

"让他站着吧，从今以后，他就是这里的弟子，灿兄就是他的先生了。有先生在，哪有学生坐的份儿，还是站着听教吧。"

孔贞灿笑了：

"这不是学堂，不是自己家里嘛。"

孔贞璠却认真地说：

"在哪里都要守规矩，懂礼数。从一开始就要培养他的规矩意识。"

孔贞灿点着头：

"有其父必有其子，你从小就这样要求孩子们，这孩子错不了。"

孔贞璠说：

"今后就看他的造化了。作为孔门传承人，你们这样用心，如果弟子们不用心就说不过去。为了这些孩子们，灿兄日夜守护在这里，连家都不能回，既教学生，更要管学生，令人敬佩。"

孔贞灿说：

"哪里哪里，作为圣人后代，为了传播儒学我们愿意做任何事情。再说孔氏后人们把这么重的担子放心地交给我们，我们是有责任的。衍圣公不吝赏识并举荐我这样一个附生在学堂任教，当是伯乐之情，恩重如山，岂可懈怠？"

孔贞璠点点头很认可，转而问道：

"灿兄，尚悊和尚仔两个孩子没有给你添麻烦吧？我千叮咛万嘱咐要守礼道、遵学规，也不知道这两个孩子表现如何？"

孔贞灿笑着说：

"有你这样的好父亲，他们哪里敢不好好表现啊！都不错，背诵释经，礼乐骑射都不错。我看，将来这两个孩子都会有出息的。"

孔贞灿指着孔尚任说：

"尚任的聪明懂事我也是早有耳闻，他进来学堂一定也错不了。三个公子，个个都不错。"

孔贞璠连连拱手道：

"谬赞谬赞。不过，的确我对这孩子是抱有很大希望的，望灿兄多多栽培！"

孔贞灿点头：

"孔氏后人错不了。"

孔贞璠有点担忧地问：

"灿兄，说实话，就你看，尚任的两个哥哥哪个更强一些，哪个弱一些？"

孔贞灿沉吟一下说：

"咱们自家人，自己的孩子，说实话，虽然兄弟两人都很用功勤奋，但是就天资来看，我觉得老大尚恁更胜一筹，老二要略弱一点。不过，这个你也不用担心，孩子嘛，有开窍早一点的，有开窍晚一点的，只要肯下功夫，用心，迟早会有一天成才的。依我看，两个孩子放在这几百个孩子中间，哪个都是不错的。"

孔贞璠点点头：

"我的孩子我是了解的，尚仔天资是差一点，但孩子品质不错，有上进心，孝顺。如果有机会，还望灿兄给他吃点'小灶'。"

孔贞灿笑道：

"这个不用璠兄提醒，我早在暗中给他'加餐'了。"

说着，孔贞灿站起身：

"璠兄，咱们带着尚任先看看学堂的环境，让他熟悉熟悉。"

孔贞璠高兴地说：

"好哇好哇，四氏学堂变化很大，我也有些日子没有在这里转了，沾尚任的光，转转。"

四氏学堂教学区

三个人走出正厅，穿过连接学录府与学堂正院的过道，就进入了四氏学堂的前院。

四氏学堂的最早形式是孔子的后代为子孙们建立起的私家学堂，是专供孔氏后代学习的私塾。后来私塾的规模不断扩大，特别是历代政权对孔子的儒家学派推崇备至，孔氏学堂的影响不断扩大，孔氏学堂成了儒学教育的重镇核心。宋代朝廷进一步推崇儒学，从宋哲宗时期把颜、孟两姓加入，到明朝万历十五年，又增加了曾氏子孙，形成"孔孟颜曾四氏学堂"。教育规模不断扩大，学生数量也增加。学生数量的增加意味着培养的人才数量也在增加。大量的儒门弟子考取功名，不断有人入仕为官，为官场培养了大量的有用人才。官场内外的儒家学派弟子的增加，无疑对巩固政权、稳定社会、传承忠君孝养的道德规范有着极大作用。

进了四氏学堂的大门后，中间的主房称为"明伦堂"。明伦堂左边前方是五间号房，称为"启蒙斋"，右边五间号房是"养正斋"。在四氏学堂的主建筑明伦堂的后面建有"尊经阁"。尊经阁左右各有五间厢房，称作"公子号房"。

在明伦堂东西两侧各有一处大宅。东侧为"教授宅"，西侧是"学录宅"。教授宅的正厅有五间，称为"兴斋"，兴斋的东西两侧各三间房子，兴斋后边有五间房子。西边学录宅与教授宅同样也是正厅五间，称为"立斋"，立斋东西两侧各三间房子，立斋后面也有五间房子，这与教授宅完全相同。

本来四氏学堂是私塾，并非官学，按照各朝的官学为主，私学为辅的常规，私塾是没有资格设立学官的。照常识，私学的出发点不过是纠集一些未学儿童在一起，开蒙启智，为日后进入官学而奠定基本的蒙学基础。仅仅接受私塾教育而不进入官学体系很难考取秀才、举人之类。但是，孔氏学堂却因孔子而大有不同。特别是在宋代以后，朝廷尊孔敬儒，给孔子的后代以特殊的待遇，使得四氏学堂具有了官学所具有的所有功能，允许通过四氏学堂考取功名。

虽为私学，却与官学平等，这就是四氏学堂的独特之处。四氏学堂是按照"国子监"的规矩设立，在教学管理上甚至优于官学，在许多方面都享有特殊的政策和优待。只要是出自四氏学堂的学生就可以获得"生员"（即俗称的秀才）资格。而"生员"资格就是参加各类科举考试的最基本条件，有了"生员"身份才有可能进入科举的程序。

普通人想获得"生员"资格是需要经过一系列复杂流程的。首先得参加由县长主持的本县的初级入学考试，也就是"童试"。考取了"童试"之后，才有资格参加上一级组织的"府试"。"府试"通过了，才能获得参加由各省组织的"院试"。而"院试"通过之后，才成为"进学"，并获得"生员"身份。"生员"通俗地讲就是"秀才"。"秀才"就是"优秀人才"的意思，是民间的一种称呼。有了"生员"身份就有资格参加在省城里举办的"乡试"了。"乡试"是此后一系列科举考试的开始，如果没有"生员"身份是无法进入到科举队伍的。

可见，如果一个文人想进入"乡试"，必须经过童试、府试、院试三次重大的考试才行。而如果是四氏学堂的学生就不必了，只要是在这里学习的学生，一入学就获得了"生员"资格，也就是说可以省略掉复杂而又曲折的过程，直接进入"乡试"。

更进一步的优待是，所有出自四氏学堂的"生员"，也就是秀才，都不需要到上级的州府去参加考试，只要在本地等候官府派人来考试即可。而且，这些应试者在某些方面还享受优先录取的政策。这在中国科举制度下是一个极为独特的现象。

自然，能够进入四氏学堂学习的学生们都以此为荣，家长也以此为光宗耀祖的起点。学生的构成基本是孔、颜、孟、曾四姓的后代弟子。后来为了泽被更多的适龄孩子，也允许扩大学生范围，但要求苛刻。首先，必须为本村异姓学童；其次，必须经过严格的选择，且有严苛的数量限制。因此，能够进入四氏学堂的孩子都非常优秀，有巨大潜力。

四氏学堂的教师可以由外姓学问道德俱佳者担任，但是"学录"，也就是教学的管理者必须由四氏后代的优秀者担任。

在四氏学堂，"先生"和"学录"们的俸禄虽由学生们交的学费负担一部分，但他们的主要薪金却是由县衙直接支付的。教学人员在官府有正式编制，学堂却不属于官学。四氏学堂的先生们并不是由朝廷来招募，而是由孔氏的"衍圣公"选拔定夺，"衍圣公"有着绝对的权威。如此，四氏学堂成为一所非私非公，公私兼而有之的独特教育机构。

但同时也应当看到，正是由于官府与社会对这个学校的特殊关注，使得这里的教育者压力巨大。从老师的选择，到教学内容，再到教学管理等各个方面都非常严格。不仅教学的各个环节严谨，而且在学员的管理方面特别严格，体罚很重。在学堂的种种规定中，有非常多的"痛决"之类的体罚项目，有的还非常严苛。对于尚未长成的孩子们来说，有的惩罚过于严重，有些学生承受不了，只得退出。但绝大多数四氏家族的后人们都能够坚持下来，成为优秀的人才，走上仕途。

孔尚任被送到四氏学堂的时候，正是孔贞璠的族弟孔贞灿当"学录"。

孔贞灿虽然只是个"附生"（也就是从四氏学堂获得"生员"资格后，就没有再参与上一级的考试），但其饱读诗书，博学多才，对孔家礼制、教育观念有着充分的认识。同时，他也参与教学活动，有独特的教学方法，有多年的教学经验。他既教学生知识，更在儒家礼仪礼制方面对学生进行训练。在他的精心教育下，四氏学堂走出了一批"知书达礼"的儒门后学。孔贞灿所担任的"学录"是个学官职务，主要负责执行校规，他监督、巡视、训诫、处置违规学生，树立四氏学堂的校风。在学生们的观念中，孔贞灿是个严谨且令人尊重的长辈。

四氏学堂的教学目标是明确的，就是秉承"学而优则仕"的古训，按照科举入仕的进学逻辑给孩子们开课、授课，目标就是"养成贤才，以供朝廷之用"。

虽然学校规矩众多，管理严格，但是由于从小就在家里接受父亲的亲自教授，而父亲的教学手法也基本上是四氏学堂的路子，因此，8岁的孔尚任一入学就喜欢上了这里的学习环境，非常适应并进步很快。

他在这里每天一次背书，每次都要背诵《大诰》一百字，《本经》一百字。不仅要记忆准确，而且要求解释所背内容，解释也必须准确无误。据孔尚任的《阙里新志》的"学校志"记载：

初一日，假。初二日、初三日，会讲。初四日，背书。初五日、初六日，复讲。初七日，背书。初八日，会讲。初九日、初十日，背书。十一日，复讲。十二日、十三日，背书。十四日，会讲。十五日，假。十六日、十七日，背书。十八日，复讲。十九日、二十日，背书。二十一日，会讲。二十二日、二十三日，背书。二十四日，复讲。二十五日，会讲。二十六日，背书。二十七日、二十八日，复讲。二十九日，背书。三十日，复讲。

从这张"课表"中我们可以看出，一个月30天只有初一、十五两天假期，其他的日子都在学校学习。功课安排得严密而紧凑，且有节奏。隔两天就背一天的书，隔两天一次"会讲"，隔两天一次"复讲"。

初一、十五两天的假期也并不是完全放假，而是要学习射箭。在规定的"射圃"里，两人一组，每人四支箭，年纪大的先射。开始是在30步内射两箭，再到90步开外射两箭。射中靶心的饮三杯酒，射到靶面的喝两杯酒，射不中的要罚喝一杯。如果不遵守规矩，就会被痛打一顿。这种既有游戏性质，又是教学内容的学习，是为学生的全面成才而特别设计的。

同时，还要写毛笔字。主要是仿写，每天写16行，每行16个字，"不拘家格，羲献智永，欧虞颜柳"，即仿写王羲之、王献之、智永、欧阳询、虞世南、颜真卿、柳公权这几位大书法家的字体。要求"点、画、撇、捺必须端楷有体，合于书法"。每次在规定的时间写完后要呈送给老师，现场批改。批改时，老师会在写得不好的字上画一个圈，画得越少成绩越好。如果被画的圈多了，就会被痛打一顿。

在品德方面，四氏学堂要求学生们立志成为"忠臣清官"。老师要求学生们，如果谁在史书中读到忠臣清官的故事都要互相讲述，互相传播，主张"凡利国爱民之事，更宜留心"。在教育中养成"出仕必为良吏"的思想，注重培养学生的忠厚正直品格。特别是在四氏弟子中，绝对不允许"结交势要，希图进身"，不允许巴结权贵，奴颜婢膝的恶劣品行。

同时，要求学生必须尊敬"先生"。"若讲说，皆须听受。如有未明，从容再问。"不能与先生们辩解，更不能出言不逊，故意为难冲撞。学生只有恭恭敬敬，诚心诚意听受教育的份儿，而没有质疑和反驳的权利。

四氏学堂还规定，如果学生们对社会、对官场有不满情绪的，也不能说三道四，发表议论。绝不允许"上书陈言"，只要有人违反此规定，"必以违制论"，最严厉的处罚便是"黜革治罪"。

在四氏学堂的规定里，还有一条就是"不许结党结社"。特别是古代社会拜把子的行为较多，几个志同道合者歃血为盟很常见。但是在四氏学堂里，这种行为绝对不允许。这是为了防止日后学生们到了官场结党营私，"把持官府，侮断乡曲"。学生们所写的文章也不能自作主张，自行刊刻，否则，就会被"调官治罪"。

从中可以看出，在四氏学堂的学习，不只是学经书知识，还有许多丰富而实用的学问。在背诵经、史、子、集学问之外，还要学习礼乐、骑马、射箭、品德、礼节等科目。老师们都极其严厉，动不动就会训斥、打板子，氛围紧张而压抑。

孔尚任在这些学问中，最喜欢的是礼、乐之类。特别是对音律有所偏好，他常常抚琴奏乐，和律而歌。

第04章　忠贞名节

1657年的"林门会"上，9岁的孔尚任偶遇已经多年未见的父亲好友贾凫西，使他对说书唱曲之事有了更深入的了解。

曲阜的孔林是孔子及其宗族的陵园。自明永乐二十年（1422年）建立林门以来，每到清明时节，孔林都要举行"林门会"。到这一年已经有两百多年的历史。每逢此时，全国各地到曲阜祭祖的孔氏后裔都云集于此，都要出入林门。多年下来，每到清明就会有人在孔林门前设摊卖祭祖的香、纸、蜡、锞，逐渐发展出住宿、饭铺、茶水摊、水果摊等，随后又出现了打渔鼓、说书的艺人，各种娱乐活动增加，形成了独特的林门会。

那一日，"林门会"正在红红火火进行着，9岁的孔尚任禁不住诱惑，也到会上去玩。刚来到集市，就听到了铿锵有力、激情昂扬的鼓书艺人的说书声。他寻声而望，见一棵树下围着一群听书人。细听之下，觉得说书人的声音非常熟悉，就快步来到了听书人群外。恰好这时书场休息，他挤到前面一看，原来认识！

虽然才9岁，可是孔尚任还是非常讲究礼节，上前给说书人施礼，惊讶地问道：

"贾叔叔，您怎么在这里说书？！您不是到京城当官去了吗？"

"贾叔叔"正是父亲孔贞璠的好友贾兔西。他虽然勉强进京补了个清朝的官位，可是作为明朝遗贵，前朝重臣，此举只是权宜之计。他本在明朝已经官至"刑部郎中"。"满清"进京，推翻明政权后，他辞官而去，本打算归隐田园，不再做清朝的官员。可是，刚刚靠武力建立起来的清政府为了缓解满汉矛盾，也是为了延续前朝统治制度，重用大批前朝官员，劝说贾兔西官复原职。贾兔西本是坚决不从的，可是，地方官接到朝中命令，不择手段，恐吓要挟，最终逼迫贾兔西进京封官。

在朝廷里做了几年官之后，贾兔西坚辞不干，从京城回到曲阜，颐养天年。他平日里就擅长说书讲古，就时时到集市上设场说书，影响很大。他的鼓书有音乐，有故事，多为慷慨明志之作，许多都是他自己编创的。他的故事情节生动，嗓音苍凉悲壮，常常让听众潸然泪下，同时激发起人们对明朝的怀念。

见到孔尚任，贾兔西一时没认出来，他疑惑地问：

"小公子是谁？你怎么会认识我？"

孔尚任说：

"贾叔叔，我是孔尚任呀！"

贾兔西惊喜地打量着孔尚任：

"噢，原来是你呀！都长这么高了？你要是不说，我还真是认不出来了。有出息！有出息了！走走走，书不说了，到我家去坐坐。"

贾凫西给听书的群众拱手抱歉道：

"各位父老，书先说到这儿，改日再听。我见到了多年未见的侄子，这是个大喜事，各位乡亲抱歉了抱歉了！谢谢了！"

贾凫西收拾起说书工具，孔尚任跟在他背后，向贾家走去。

来到贾府，贾凫西放下东西便泡上一壶清茶，放在小院树下茶桌上。贾凫西遗憾地说：

"要是你再长几岁，我便跟你来个一醉方休，现在就请你喝杯清茶吧。"

落座之后，贾凫西问了问孔尚任家里的一些情况，父母、兄弟如何。贾凫西说：

"我可以说是看着你出生的，虽然中间回乡也见过你几次，可是，孩子变化大，这一变，就认不出来了。你父母可好？"

孔尚任答：

"家父家母都安康。"

贾凫西又说：

"过几日清静下来了，我再去府上拜访贞璠兄，也有几年没见他了。真是想念啊。"

孔尚任道：

"家父也经常念叨您老人家呢。他还常常说，您生不逢时，要是搁在大明朝，您一定是国家栋梁。"

贾凫西笑着摆手说：

"哪里哪里，他是过奖了。"然后问：

"我忘记问了，刚才是你一个人在林门会上吗？没有家人陪伴？"

孔尚任说：

"就我一个人出来的。我跟家父告过假，他本来让人陪着我来，我想一个人，家父也同意了。"

贾凫西问：

"今天不上学堂吗？"

"因林门会，学堂放假一日。"

"四氏学堂管理严格是出了名的，难得让你们歇息一日。可也是真出人才。"

孔尚任好奇地问：

"贾叔叔，父亲说，您不是去京城做官去了吗？怎么又回来了？"

贾凫西摆摆手：

"唉，不干了，不干了，不想再给'满清'这个外族官府干了。我一个大明朝的亡国之臣怎么能吃得下大清朝的俸禄？我去朝廷为官，是迫不得已。这官当也当了，可是不能一当到底呀。"

孔尚任迷惑地问：

"难道他们对不起您吗？"

贾凫西摇摇头：

"那倒不是。相反，他们对我很好，给我权力，给我俸禄，还有种种特殊待遇。可是，我心里装着的是大明朝的事。天下被他们抢去了，还得给他们干活，多么大的屈辱！"

贾凫西端起茶轻轻地呷了一口：

"人哪，要有气节，特别是文人，更要有点风骨。不能谁强权、谁霸道就倒向谁，趋炎附势，奴颜婢膝，不忠不孝。自古就有伯夷、叔齐隐于首阳山'不食周粟'，宁肯饿死也不做周朝官的。这就是大气节！"

贾凫西叹道：

"'满清'入关后，我大明朝又有多少名臣武将坚决不当清朝官的？甭说别人，就说咱们大明朝的最后一位状元杨廷鉴吧，他可是崇祯皇帝亲自殿试的状元啊。学问好，人品更好！中了状元后便被朝廷任命为翰林院纂修，那是要进朝廷内阁的态势啊。他自己也是想尽其所能，为大明朝效力一辈子的。杨廷鉴信心十足，前途无量，可是，命不好啊。就在杨廷鉴中状元的第二年，天下大乱，李自成造反，攻进北京城，推翻大明朝，建立了大顺政权。那李自成是个农民啊，推翻明朝，建立个大顺容易，可是维护守成就难了。他就想重用一批明朝的遗老遗少，特别是刚入朝的那些年轻人，这杨廷鉴就入了李自成的法眼。李自成派人去请杨廷鉴进朝做官，做大官。杨廷鉴哪里肯，坚辞不干。为了不让他们找到，杨廷鉴躲了起来，李自成的人怎么也找不到。"

孔尚任问：

"后来呢？一直就没有找到他？他们就不找了吧？"

"他们倒是想！可是，这李自成是个短命的皇帝，他在北京城只当了 42 天的皇帝就被'满清'给赶出了京城。"

孔尚任问：

"这回就好了吧？大顺皇帝倒了，大清皇帝也不会知道杨廷鉴是谁了吧？"

贾凫西又呷了口茶：

"哪里，这杨廷鉴名声在外，他是状元哪，天下哪有不知道状元郎的？刚进京的'满清'皇帝，清世祖顺治帝爱新觉罗·福临早就听说了他的大名，非要请他出来做官不可，还许以重任。叫人去请他进朝。"

孔尚任睁大了眼睛：

"这回他还躲得了吗？"

贾凫西赞叹道：

"杨廷鉴是个真正的忠臣孝子。虽然大明朝灭亡了，可是他生为大明的臣，死当大明的鬼，誓死不做'满清'的官，也不与'满清'为伍。有骨气！"

孔尚任被贾凫西的激情感动。

贾凫西又说：

"同样是状元，武状元吴三桂开关请清军进来了，让'满清'灭了咱们的国。要是吴三桂抵挡下来，说不定，大明王朝就灭不了！可是，同样是被崇祯皇帝殿试过的武状元总兵吴三桂却把大明朝献给了'满清'外族。罪人哪！要学杨廷鉴，不学吴三桂！"

孔尚任点头，又关心地问：

"清廷找到杨廷鉴了吗？"

"找到了。他们好言相劝，说清朝政府会厚待他，但杨廷鉴坚决拒绝了。他说，除非剐了我，否则绝不做清朝的官。后来，很多明朝的老臣都在'满清'朝廷的威逼下进了朝做了官，我不就是这样被逼进朝廷的吗？有太多的人不得不为清廷做事了。可是，这杨廷鉴还是不应，宁死不就。后来跟他关系不错的明朝老臣洪承畴亲自出面，苦口婆心，好言相劝，但杨廷鉴还是没有答应。他越拒绝，皇帝越欣赏他，越想见见这位比武状元吴三桂骨头还硬的文状元。不得已，顺治皇帝亲自登门请他出山。"

孔尚任瞪大眼睛问：

"皇帝都亲自去请他了？！"

贾凫西说：

"是啊。这回，杨廷鉴有些挂不住了，人家一个皇帝降下身架来拜访自己，怎么着也得见一面啊。就这样，见了顺治皇帝，当着皇帝的面依然说，自己是明朝的臣民，生为明臣，死为明鬼，清朝的官是绝对不能当的。"

孔尚任问：

"他连皇帝的面子都不给？"

"不给。皇帝就说，你不怕我杀了你吗？杨廷鉴答，杀与留那是皇帝的权力，可我早就想好了，无论如何都不可能去清廷为官的。"

孔尚任佩服地说：

"他可真有骨气！"

贾凫西接着说：

"顺治皇帝就问，难道清朝对你不好吗？何必执着于一念？你有什么要求都可以满足你。人这一辈子，无非荣华富贵，这些大清朝都能给你。"

贾凫西竖起大拇指：

"杨廷鉴回应，荣华富贵、名利地位都少不了，可是，比这更重要的是气节。一个人若是没有了气节，一切都是没用的。生不如死。"

孔尚任担心地问：

"他这样说，皇帝不会真的杀了他吧？"

"皇帝见杨廷鉴如此固执，也就不再坚持了，但也没有治他罪。也算是顺治皇帝通情达理，这也让杨廷鉴有些过意不去。虽然没去朝廷里做官，但念在皇帝的识才尊贤的份儿上，朝廷有事需要他的时候，他还是协助处理。顺治皇帝年纪轻轻也想干出个名堂来，却不是个聪明之人，好在他没有那么坏。"

孔尚任说：

"真是佩服杨廷鉴的骨气。我父亲也跟我说过他的事，他是明朝大臣里最有骨气的人。"

贾凫西叹息一声：

"覆巢之下安有完卵？咱们大明朝重臣于谦不是有句诗'名节重泰山，利欲轻鸿毛'吗，文人忠贞不贰就是要有个名节。司马迁说'忠臣不事二君，烈女不更二夫'。做人哪，不只是为了口饭，为了那点小利，还有其他。"

孔尚任深受教育：

"贾叔叔，侄儿谨记。"

贾凫西摇了摇头：

"我说这些话的意思并不是希望你也像杨廷鉴那样做与大明共存亡的忠臣。你虽然是明朝后裔，可是，你却是生在大清天下。明朝已经亡了，复明也仅仅是我们这些老朽的妄想而已，你们要有你们的生活，要有你们自己的前程。"

孔尚任问：

"难道，大明朝就没有一点儿希望了？假如有一天大明又恢复了呢？"

贾凫西无奈地说：

"我看，靠现在残存的南明朝廷希望不大。国难当头之时，皇帝依然重用马士英之流的败类，多么不可思议！南明朝廷奸臣当道，阉党弄权，亡国皇帝无能轻信，难哪！如果没有那些舍死护国的郑成功、史可法、李定国、张煌言、沐天波这些拼死效力的文臣武将，这个南明小朝廷早就完了。就是这样硬撑着，也长久不了。听说，清廷正在组织人马攻打南方，要收复那里的天下。照现在南明朝廷的状况，哪里抵挡得了清朝的铁马重军？罢了罢了，不说也罢！一说就难过。"

孔尚任低下头，沉默起来。

贾凫西说：

"孔氏家族是最有希望的，圣人弟子遍及天下，你们这一代是幸福的，有书读，有家回。可我们这一代却落了个亡国之身，无国可效，无家可归。"

孔尚任问：

"贾叔叔，我不太明白，你们这一代人总在鼓励我们努力读书上进，我们谨记父辈祖辈教训，一直努力读书求仕，我们的目标就是'学而优则仕'。那就是要为清朝而仕，为'满清'而学，那不就是违背父辈们的不当清朝官，不做清朝臣的宏愿伟志了吗？您不仅有官不当，有俸不领，还甘愿回乡沿街卖唱。"

贾凫西叹了口气，无奈地摇了摇头：

"你们这一代与我们是不相同的。我们出生于大明朝朗朗天地间，承沐浩荡皇恩。生活在大明年代，生为大明的人，死为大明的鬼。我们争的是一口气，修的是一身骨，对家、对国都要忠心无二。我们读了一辈子的书，不只是为了口饭，也不只是为了一官半职，心里不只装着小家小我，更有国家大义，民族情义。否则就是愧对列祖列宗，有辱文人脸面。我不做清朝的官，不是清朝对我不好，他们对我很好，而且尊重有加。可是，我是大明朝的臣子，如何为'满清'皇帝卖命？如今，大明虽已失去了大部分土地，可是南方不还有咱们的弘光皇帝在坚持着吗？只要皇上能起用良臣，我大明朝就不会彻底灭亡。可是，你们是不一样的，你们生在'满清'建国后，你们自然要跟着这个时代走啊，你们要奔着前面去，而我们这些老朽们是朝着后面退着呢。"

孔尚任焦虑地说：

"为什么咱们不能一起向前走，一起奔前程呢？"

贾凫西悲观地说：

"你还小，你不懂明朝遗民那种大国小民的心态，'满清'究竟是关外的蛮族异类呀，我堂堂大汉壮民如何受得了这个窝囊气！只要这个国家拥有一线希望，我们就不会停止复明大业。可惜呀，可惜，国难当头，南明弘光皇帝却重用马士英这些奸臣，乌烟瘴气。"

孔尚任被贾凫西的情绪感染，在家的时候，他也经常听父亲和朋友们私下谈论残存的南明朝廷，也是一副愤愤不平的样子。

贾凫西悲观地摇了摇头：

"如果南明朝廷如此腐败下去，不思进取，即使有史可法、郑成功这样的忠贞不贰之臣，我看也难复国。"

孔尚任疑惑地问：

"南明朝廷起初不是要立桂王为皇帝吗？后来怎么又变成了福王？"

贾凫西拍了一下桌子，恨恨地说：

"唉，这就是一场政变哪！本来马士英与史可法议定立桂王为皇帝的，而且，史可法也带兵去迎接桂王到南京。可是，中途发生了变故。"

"是被福王抢先了吗？"

"也可以这样说，是被他抢了先。不过，这背后是马士英兴风作浪，是他一手把福王推上皇帝宝座的。史可法带兵去迎立桂王的时候，桂王朱常瀛正在衡州。在那里，大明朝的军队正与张献忠的叛军对垒。

张献忠兵力强大，士气旺盛，而明军被打得连连后退，形势危急。于是，桂王急命湖广巡按刘熙祚把岳州、长沙等地的大明军队速撤到衡州，把兵力集中起来，想跟叛军死战到底。当刘熙祚带着大部队回撤到衡州后，张献忠紧紧地咬着明军也追到了衡州城外。一场生死之战展开了。"

"明军就打不过他们吗？他们也是重兵把守啊。"

贾凫西说：

"应当说，明军还是非常勇敢的。衡州城门紧闭，守军在刘熙祚的指挥下勇猛反击。明军占着居高临下的优势，把张献忠的孙可望、李定国、刘文秀的攻城部队打得进不了半步。他们就在衡州城墙架云梯。而明军就朝攻城部队开炮、放箭，滚木雷石全砸向叛军，张献忠的部队伤亡惨重。可是，这种部队都是不要命的主儿，顶着明军的利箭重炮，还是一个劲地攻。就在这时，咱们大明朝又出了一个坏蛋。"

"这么关键的时候，出了问题？"

贾凫西长叹一声：

"是啊，是我们自乱阵脚。那时，桂王府里一片紧张慌乱，这不仅是因为正在打仗，也是因为桂王朱常瀛病了，病得很重！而他的大儿子安仁王朱由㯟也病了，虽然没有桂王病得重，却也不轻。两个能主事的王爷都病了，桂王府的大事小情只能由永明王朱由榔做主。这永明王朱由榔不像他父亲桂王那样有主见，看见父亲兄弟都病得重，外面张献忠的部队又攻城勇猛，觉得衡州城迟早会陷落，就想撤离衡州。"

"啊?! 这就要放弃呀？怎么不坚持一下？"

贾凫西恨铁不成钢地说：

"是啊，哪怕坚持一天也行啊。再赶上个吃里扒外的奴才！就在这么关键的时候，桂王府太监杨守春慌慌张张地跑来向重病的桂王报告情况，谎称张献忠的部队已经攻进了衡州城，明朝大势已去，劝桂王一家快跑吧！桂王本来是不相信张献忠会攻破城门的，因为，虽然张献忠的军队勇猛，可是，衡州城内的明军也不弱，都是跟着桂王多年的老兵。况且衡州城易守难攻，湖广巡按刘熙祚也是智勇双全的大将，一时半会儿是绝不会让张献忠的大西军得手的。可是，这个大太监杨守春却坚称衡州城已经被攻破。其实，那个时候仗还在打着，刘熙祚指挥大军正在拼命死守，城门远没有被攻破。一旁的永明王朱由榔带着哭声劝桂王撤退，说要是再不走恐怕就来不及了。摊上这么个懦弱的儿子桂王也是无奈了，于是，重病中的桂王只得同意撤离衡州。但是，只同意桂王府先撤走，其他都不能动。"

孔尚任瞪着大眼问：

"就这么轻易地放弃了？太可惜了！"

贾凫西无奈地感叹：

"衡州城就这样被一个太监杨守春给毁了！朝廷里有马士英这些阉党作乱，桂王府又被这些吓破胆子的太监们给害死了。或许这也是老天要绝我大明朝的命，明朝的气数已尽，气数已尽哪。"

孔尚任关切地追问：

"桂王撤到了哪里？衡州城不是还有刘熙祚守着吗？难道就一点没有指望了？"

贾凫西叹息道：

"永明王朱由榔保护重病的桂王撤走的时候，刘熙祚并不知晓，他还在指挥着部队与张献忠的大西军死战。桂王慌慌张张地离开衡州城，以为城池已经被张献忠给占了，他们是在逃命。逃命就顾不得那么多，他一直以为刘熙祚部真的已经被灭了。后来，有明白的大臣就在慌乱中派人去找刘熙祚，向他报告桂王的处境，刘熙祚这才知道桂王已经离开了衡州城。他懊恼不已。衡州城虽然危在旦夕，可是，一时半会也绝不会失守啊。而且张献忠的部队是千里奔袭，疲劳之军，虽然一时勇猛，可是只要拖他个十天半个月，他们的补给也不会很快跟上，这支部队就会失去战斗力。而明军是守军，衡州城内军民同仇敌忾，粮草虽说不是很充分，但总比攻城的大西军要强得多。只要战事拖下去，大明军就会变被动为主动，开门灭叛军是有望的。可是，突然桂王撤走了，这对刘熙祚来说，真是五雷轰顶。他的责任就是要保护桂王一家，要是桂王走了，这衡州城守着也就没有意义了。万般无奈下，刘熙祚下令追随桂王南下，保护桂王另谋他计。"

孔尚任遗憾地说：

"如果桂王再坚持一下就好了。"

贾凫西言：

"或许是命该如此吧。刘熙祚部刚向城外撤，张献忠就乘虚而入，四面攻城，把本来固若金汤的衡州城一举拿下了。"

孔尚任问：

"那这个时候来迎接桂王的史可法部队呢？他们也没有赶来支援一下吗？"

贾凫西说：

"战事就发生在史可法迎接桂王的路上，他们并不知道衡州城发生的事。也正是在这个时候，南京城里，马士英借势急急忙忙地把福王推上了皇帝之位。他们拥立福王自有他们的小算盘。"

孔尚任有些不解地问：

"桂王不是还没有亡吗？国家大事怎么说变就变了？"

贾凫西愤然地说：

"国家危难，妖孽四起！太监专权啊，他们哪里还考虑什么国家不国家的？他们自己满意就行了，哪管那么多的事。"

孔尚任问：

"桂王撤出衡州城后去了哪里？他们就不能去南京夺回皇位？"

贾凫西言：

"桂王还是个明君呀，他从衡州城逃出之后，就去了永州。他想到了永州可以把那里的部队集结起来，再把明军残兵败将收集一下，重整队伍，再与继续尾随而来的张献忠的叛军作战。"

孔尚任又问：

"那其他人呢？刘熙祚后来追上了桂王吗？"

贾凫西惋惜地说：

"可惜啊，大将刘熙祚拼死守城，忠君卫国，一路厮杀，最后战死疆场。可叹可叹！虽然最终撤到了永州，但是刘熙祚一死，明军失去了主心骨，战力全无，一败再败，永州城很快也就失守了。桂王不得不带着两个儿子继续向广西逃亡，半路上被张献忠的刘文秀部包围剿灭，朱由榔被俘，桂王朱常瀛重病而亡。本来该做南明皇帝的桂王就这样成了冤魂。"

孔尚任叹息：

"立桂王为帝不是已经定下来的事吗？马士英他们怎么可以任意更改？"

贾凫西说：

"太监当道，任性而为，他们什么事干不出来呀，特别是马士英这个坏蛋。身为南明内阁首辅的马士英不仅不为国担忧，举'反清复明'大业，反而为一己之私利，结党专权，想架空皇帝，继续为所欲为。本来他与史可法等大臣们商定拥立桂王朱常瀛为帝的，可是，史可法一走，他觉得要是等桂王到了南京，他可能会失去权力，于是就趁史可法迎接桂王的间隙，把福王拥立为帝。因为是他拥立福王的，福王自然也就重用他，他的权力只会比原来史大。这个窃国之臣，口口声声是为国家着想，其实只为一己之私，哪里是为国家民族？得到大权之后，压制正直朝臣，排斥异己，镇压东林党，奄奄一息的南明朝廷雪上加霜啊！不仅如此，马士英与阮大铖勾结在一起，沆瀣一气，趁国家危难之时，大发横财，坏事干尽，坑陷忠良。罢罢罢！这大明啊，灾难重重，哪一天才是出头之日？"

孔尚任疑惑：

"那史可法呢？史可法就这样轻易同意了马士英的专权？"

贾凫西叹息：

"史可法哪里同意？！他带着大军去迎接桂王，对朝廷发生的这些事情一无所知。等他赶到衡州的时候，衡州城池已被张献忠攻破了，桂王也不知去向。就在这时，清豫亲王多铎带领清军大举南下，进攻南明。南有张献忠的叛军，北有清军的强攻，南明危在旦夕啊！已经坐上皇帝位的弘光吓坏了，立即派人速速去调史可法回援。史可法调转方向，包抄清军，将清军击退，解救了南京之围。史可法本来想打了胜仗返回南京的，可是马士英见清军已退就变了脸，他大言不惭，咄咄逼人，阴招阳谋用尽，把史可法气得无处发泄，赌气走了。又让马士英这些坏人得逞了。"

孔尚任失望地说：

"本来有那么正直的史可法还是有机会拯救南明的，可是，朝廷被这些坏人给霸占了。"

贾凫西有些愤愤不平地说：

"如果没有这些坏蛋架空皇帝，大明朝也不会亡啊。一点残温余火还在这些人的手上，这不是老天在绝明朝的命是什么？"

孔尚任问：

"就没有明白的大臣看透这个现实吗？"

贾凫西说：

"自然有，左良玉就看出来了。左良玉率大军镇守长江沿线一带，马士英和阮大铖他们三天两头来命令，都是打着弘光皇帝的旗号，却都是为了他们自己占地盘。这马士英、阮大铖还专横跋扈，左良玉实在看不下去了，直接发兵南京，要'清君侧'灭这些阉党。弘光帝以为左良玉要造反了，一时没了主意。马士英一边派兵阻挡左良玉，一边又打着弘光皇帝的旗号召回刚刚被他气走的史可法解围。史可法见是皇帝的圣旨，无奈也只好硬着头皮返回，去攻打左良玉。刚走到半路就传来消息，说是左良玉已经战死，左良玉的部队也被明军全部消灭。同时，清军又去而复返，逼近扬州。马士英便耍花招，命史可法去增援扬州。只要史可法不到南京，他就可以架空弘光。"

"史可法就信了？就去支援扬州了？"

贾凫西说：

"他根本就不清楚这里的状况。于是，史可法率领区区一万兵卒增援扬州，可是，清军却有十万之众。清豫亲王多铎恩威并施，一方面大军围攻扬州城，另一方面又派人劝降史可法。史可法临危不惧，可是架不住扬州城内的将领有投降之心。就在史可法想继续与清军死战的时候，扬州城内的守军投降了。清军不战而胜，史可法也被俘。"

"史可法被他们杀了吗？"

贾凫西说：

"开始，豫亲王多铎还是爱将心切，希望史可法归降清朝，他还亲自劝降，许下种种好处。可是，史可法不为所动，坚决不降。最后被杀害了。不仅如此，杀掉史可法后，清军就对扬州城进行了大清洗、大屠杀。清军见人就杀，不留任何活物，真是血流成河呀。清军血洗扬州城十天，这是大明朝最黑暗、最悲惨的时刻。"

贾凫西的话让孔尚任深知残存的南明朝廷的现状，悲叹无奈。

贾凫西令人敬佩，他是大明的臣民，不当大清的官员，这是气节，也是一种操守。他如此大学问却能够操鼓弄琴，走街串巷说鼓书，能上能下，能屈能伸，忍辱负重，让孔尚任印象深刻。

此后，他与贾凫西频繁来往，学到了很多东西。多年以后，这些"反清复明"的思想和南明朝廷的混乱之状都在孔尚任的《桃花扇》里得到了再现。《桃花扇》里的那位说书艺人"柳敬亭"就有贾凫西的影子。

第05章 父训家教

从贾府出来，孔尚任缓步走在街上。林门会有本地百姓，也有许多外乡客，人来人往，热热闹闹。他穿过人群，头脑里一直回想着贾凫西的那些话，心情颇为沉重。

这时，有群人站在路边，路中央走着个官员模样的人，有当地的衙门差役陪在身边。官员心情似乎不错，一边欣赏着街边景色，一边说说笑笑。孔尚任问旁边的人：

"这是谁？"

那人答：

"是县官呀，咱们的父母官，你不知道呀？"

孔尚任摇了摇头，正要离开。这时，那个县官饶有兴致地指着前面的一座山问：

"这叫什么山？"

立即有个陪同人员赔着笑脸回答：

"回老爷，这座山叫'丫头山'。"

县官微笑点头：

"好好好，'丫头山'，丫头山这个名字好呀。"

本来心情就不太好的孔尚任随口说道：

"什么'丫头山''小子山'的？既不洗脸，也不梳头，哪有什么丫头？"

那些止兴致勃勃一问一答的官员被孔尚任的话搞了个大红脸，梗着脖子说不上来话。有位陪同的仆役恶狠狠地说：

"这是谁家的孩子？这么没教养，敢顶撞我们老爷，看我不收拾你！"仆役撸起胳膊就要朝孔尚任这边来。

另一个仆役拉住了他：

"他还是个不起眼的孩子，虽然冒犯了老爷，可也没必要跟娃娃置气，扫了咱们老爷的兴。"

孔尚任这时也没兴趣跟这些官老爷们较真，转身就走了。

孔尚任带着一身的不愉快和沮丧回到家。那时，父亲孔贞璠正捧着一本书在看。见闷闷不乐的孔尚任走进来，便放下书卷。

孔贞璠问：

"尚任，这大半天你去哪里了？"

孔尚任答：

"给父亲请安。我到林门会上去，在那里遇到贾叔叔了，贾叔叔请我去了他家，跟他说了会儿话。"

孔贞璠有些惊喜地问：

"噢?! 怎么遇到了他？有些日子没见了，他还好吧？他什么时候回来的？"

孔尚任点点头答道：

"贾叔叔很好，他还问您好呢。他还像年轻人一样有热情，慷慨激昂。不过，他辞官回来了，在林门会上说书讲古。"

孔贞璠有些意外：

"他辞官了？这是什么时候的事？"

"贾叔叔说，他本来是想拜访您的，恰好赶上林门会就操琴击鼓说了书。我是第一次听贾叔叔说书，说得真是好，听书的人很多。"

孔贞璠竖起大拇指：

"你贾叔叔是一流的说书人。他的学问大，很多书都是他自己创造的。说古论今，跟别的说书人不一样，他说书不只是图个乐呵，还是有很多想法的。"

"是，我听了一会儿，贾叔叔说得好！都是明朝亡国的悲情事情，很多听书的人都流泪了。贾叔叔说，过些天就来看您，他刚回来没多久。"

孔贞璠疑惑地问：

"见到你贾叔叔应当高兴才是，怎么垂头丧气的？"

"是贾叔叔跟我讲的那些事，让我有些思虑。"

孔贞璠说：

"你贾叔叔忧国忧民，一身浩然正气，乃大丈夫。他辞官回乡也应当是出于对大明朝的忠贞。我了解他。"

孔尚任又说：

"贾叔叔还跟我讲了状元杨廷鉴坚决不当清朝官的事，也讲了南明朝廷马士英的阴谋篡权、拥立福王为帝的事，让我困惑的是，明朝有这么多的忠臣名将，为什么不能守住？"

孔贞璠叹息道：

"大明朝从来不缺良民忠臣，缺的是好朝廷。唉，像杨廷鉴这样的忠臣很多，至今又有多少人还在坚守着节操大义啊！"

孔尚任问：

"您和贾叔叔都对明朝廷忠心耿耿、赤胆忠心，我觉得你们的心里有个忠君报国夙愿。令人敬佩。"

孔贞璠说：

"你能看到这一点，很好。大明朝辉煌过，昌盛过，我们既然生于这个朝代，享受着这个朝代的恩典，就要忠于它。就拿大学者顾炎武来说吧，清兵入关后，就追随明朝廷到南京去了，他受昆山县令杨永言的举荐，在朝廷里任兵部司务。顾炎武尽心尽力，想辅助南明朝廷把丢失的土地逐步收复回来，重建明朝的辉煌。他拿出全身的学问，给南明朝廷出谋划策，趋利避害。他是个全才，政治、军事、学问哪一方面都是顶尖的。"

孔尚任很惋惜：

"有这么好的人才，却失掉了天下，真是不可思议。"

孔贞璠也懊恼地说：

"弘光皇帝不争气，也怪不得别人。他只听信马士英这些奸党佞臣的小人之言，把一个苟延残喘的大明朝廷断送了。南明军队被清军打得七零八落，一败涂地。顾炎武这样一位大学问家被逼得无奈，只得从军抗清，指望着通过参加金都御史王永祚的部队夺回大明朝的天下。怎奈这支小小的队伍并没有支撑多久就被击败了。可是顾炎武与杨永言、归庄等人坚守昆山，抗拒清军，一直到战死。四万多人，血流成河，异常惨烈。"

孔尚任说：

"这个事件贾叔叔也跟我讲了，是很惨烈。"

孔贞璠说：

"我就觉得，大明朝有这些铁骨铮铮的臣子们，真是这个朝代的运气。可是，好人遇到了腐败无能的坏朝廷，加上阉党作乱，残害忠良，明朝的运气也因此散尽了。顾炎武这样有骨气的人，不仅把自己的身家性命都押给了大明朝，连家人也都献出来了。顾炎武的母亲被清军砍断了右臂，两个弟弟也被杀害。他只是侥幸逃得一死，依然不降清不服清，真是大丈夫，真男人！"

孔尚任睁大眼睛听父亲讲这些忠烈故事，心潮澎湃又嗟吁感叹。他问：

"后来的顾炎武怎么样了？"

父亲接着说：

"兵败后，顾炎武依然不气馁，到处聚集还有战斗力的抗清武装，想东山再起，重整河山。清军也在四处搜捕败逃的明朝兵将。顾炎武就刮掉胡须，改换装束，改名为'蒋山佣'潜逃出昆山城，四处寻找抗清力量，缓慢汇聚能量，同时秘密串联，成立'惊隐诗社'进行反清复明的活动。后来他四处游荡，行踪不定，最终来到了北京城。"

孔尚任问：

"那他现在就在京城了？他在做什么？"

孔贞璠说：

"顾炎武是个大学问家，在大明朝名气很大，他一到北京就引起了注意。他借住在外甥徐干学家，立即就有康熙宠臣熊赐履上门拜访。熊赐履也是个文人墨客，学问很好，设宴招待顾炎武，并盛情邀请顾炎武参与修订《明史》。"

孔尚任问：

"他答应了吗？这件事很适合他干呀。"

孔贞璠摇了摇头：

"的确，以顾炎武的学问和影响，修《明史》是正对路子的。但是，看给谁修史，给明朝修史他责无旁贷，但是给清朝修史，却坚决不从。后来，清廷想尽了办法，几度劝说也无济于事。他始终如一：不做清朝官，不为清朝做事，做个纯粹的明臣终了一生。顾炎武最震撼人心的是那句'天下兴亡，匹夫有责'。国难当头，兹事体大，我辈当以此立下鸿志。"

孔尚任立誓：

"父亲的教诲铭记在心。为国为民当尽心尽力，呕心沥血。"

孔贞璠唉声叹气地说：

"自太祖朱元璋建立大明朝以来，276 年，历经 16 代皇帝，国朝兴旺，百姓安居乐业，人丁大增，好好的一份祖业……可是突然间就被个外族'满清'给灭了。让人痛心呀。"

说到这，孔贞璠不禁悲从心起，站起身，背着手向院子走去。边走边吟诵起杜甫的《春望》：

"国破山河在，城春草木深。感时花溅泪，恨别鸟惊心。烽火连三月，家书抵万金。白头搔更短，浑欲不胜簪。"

短暂的林门会假期结束了，四氏学堂的紧张学习生活又开始了。

写字、背书，会讲、复讲，骑马射箭、音律礼乐，日复一日。可是，贾凫西和父亲对孔尚任讲述的明朝遗民忠臣的故事不断在耳畔响起，让他时时感到震撼，也时时感到困惑。活在过去，就跟随着父辈们的追求与期待，与"满清"对抗，等待时机，重整河山，复归大明盛世；活在现在，立志读书，发愤图强。可是，未来却是要面对着"满清"。求学入仕，并非是入大明朝的前程，而是要做大清的子民。

生于明朝忠臣家庭，却身在"满清"时代，活在当下，这让孔尚任困惑而犹豫。

第06章　媒妁之约

一天，贾凫西登门拜访孔贞璠，他带来了一个消息，孔尚则病了。一听这话，孔贞璠就有些焦虑，怎么就突然病了呢？而且还挺重。孔贞璠想立即去看望，贾凫西说，我陪着兄长去。

一旁侍立的孔尚任请求：

"我也想去探望一下。"

孔贞璠想了想：

"我们这样一下去了一群人，对病人不好，我看，改日你再去。"

贾凫西却说：

"让贤侄一起去吧，多一个人少一个人的不要紧。况且……"

贾凫西有些担忧地停顿了一下：

"看一次少一次喽，能多见一次就多见一次吧。尚任也已经不小了。"

贾凫西的话让孔贞璠也不好说什么了，嘱咐孔尚任：

"多听，少言。"

孔贞璠和贾凫西走在前面，孔尚任提着一些礼物跟在后面。他们一前一后匆匆走出家门，去探望病人。

孔尚则虽说与孔尚任是同辈人，却比孔尚任大40余岁，早在孔尚任出生之前就已经是举人，并于崇祯十三年（1640年）中了进士，担任过河南洛阳的知县。在河南任上干了没多久，因与河南知府不和而被奏本离职。后来，又被朝廷派去安徽任全椒县知县，又因政绩突出接连被提升为刑部主事、广西司员外郎、江西郎中等职。明朝灭亡后，他不做清朝官，回乡隐居，是个廉洁、忠诚且能力非凡的前朝名官，又因学识渊博，深受当地人的敬重与爱戴，是位人人皆知的名士。

三人来到孔尚则的府上，下人去禀报，过了一会儿，孔尚则被家人搀扶着走了出来。

孔贞璠三人急忙迎上去。贾凫西满脸带着笑意，一边抱拳一边说：

"哎呀，让你个病人亲自出来接，真是罪该万死！罪该万死！"

孔尚任紧走了几步扶住了孔尚则一边的胳膊，孔贞璠则歉意地行礼说：

"是呀，让他们禀告一下，我们进来就行了，还劳你迎出来。"

孔尚则有气无力地说：

"我也是想借此出来走几步路，要不，总是躺在床上也不是个事。出来走走，透透气，见见光，和你们说说话。你们来了，我高兴得很。这么多日子了，总是闷在屋子里面，憋气。"

这时，下人们从里面搬出几把太师椅，一张八仙桌，摆在院子当中茂密的石榴树下。

孔尚则说：

"咱们就在院子里坐吧。正好，今天天气好，你们来了，我这心情豁然开朗，很想在外面坐坐，咱们说会儿话。"

贾凫西高兴地说：

"好哇，看到你气色不错，精神很好，我们也就放心了。我看，虽然气力有些亏欠，可是养几天就会好起来的。"

孔贞璠也关心地问：

"这是怎么了，说病就病了？要是凫西兄不说，我还不知道呢。"

孔尚则轻轻地摆了摆手说：

"人这一辈子，生老病死，谁也躲不过，这都是在预料之中的。就我这个年纪，也算是幸运的了，没有过大病大灾，偶染病患，挺挺也就过去了。不过，这次似乎有些不一样。"

这时，几个女仆端着托盘走过来，盛着水果，摆在八仙桌上。

孔尚则招呼大家说：

"来来，咱们尝尝鲜。早晨还没起的时候，就从九仙山那边送来的鲜果，都是好东西。看这葡萄，一颗颗的，晶莹剔透，娇嫩欲滴，看着就有食欲。还有这些，也是家人们一大早去买来的，圆圆的北山大枣，红彤彤，多饱满啊。还有这些苹果、樱桃、纪庄的青梨。也就是这个季节吧，咬上一口，满口香气。都尝尝。"

贾凫西笑了：

"把我说得都有食欲了。可是，刚吃过早饭，没地方装了，要不然，我们都要大快朵颐了。"

孔贞璠摘了颗葡萄放在嘴里，咂摸咂摸大赞道：

"的确好，满口汁液，不太酸也不太甜，味道好。"

孔尚则对孔尚任说：

"兄弟，你也吃。几年不见，尚任都长这么高了，还在学堂念书吧？"

孔贞璠说：

"可不吗，再念几年也该参加乡试了，眼看着一代一代都长大了，我们也都老了。"

孔尚则很关心孔尚任的学业：

"尚任弟的学业应当不错吧，我听贞灿叔说，尚任表现很突出，不仅书读得好，礼乐、骑射也颇有成绩。"

听孔尚则这样说，孔贞璠心里高兴，却又谦虚地说：

"哪里哪里！他呀，路子还长着呢，还是得抓紧。不然，乡试如果过不了，后面的路就难了。"

孔尚则说：

"这个你不用担心了，尚任聪明又用功，乡试是没什么问题的。尚任弟今年多大了？"

孔尚任不好意思地答：

"十七岁了。"

孔尚则转过头问孔贞璠：

"也该成家了，寻主了吗？"

孔贞璠忙说：

"这个不忙，不忙，还是以学业为主，他现在还主要以学业为主，再过几年考虑，不着急。"

孔尚则连连摇头：

"哎，成家与学业不矛盾。'成家立业'，先成家再立业也不耽误啊。人啊，到了什么时候就要干什么时候的事，不然就要逆天了。到了该成家的年龄就要成家，到了该生孩子的时候就要生孩子。这也是接续香火，传承家业、学业嘛。我看，得着手给尚任老弟想这个事了。"

贾凫西接过话头也说：

"是呀，这可是件大事，'家有贤妻，夫兴旺'，没准，娶个媳妇，尚任的学问会做得更好呢。尚任是我看着长大的，前程似锦，错不了，如果再娶个贤妻，那就是锦上添花。我看，尚则兄的提议好！贞璠兄，这个事，是该考虑了，既不能耽误学业，也不能耽误家业呀。"

孔尚任羞红了脸，站在一边只是傻笑。

孔尚则笑了：

"凫西兄，你叫我一声'尚则兄'，再叫我叔舅一句'贞璠兄'，这不乱了吗，我们可是差着辈分呢！你叫我们两个怎么相称？"

贾凫西也笑了：

"这个嘛，你们两个可以称叔侄，可你们两个对我来说都是兄弟啊。反正咱们不是本家，我这么叫也没什么不对，尚则兄也不必挑理了。我呢，突然想起一个人来，你们听听合适不合适啊。"

"谁家的姑娘呀？"孔尚则很感兴趣地问。

贾凫西说：

"这个人，你们是很熟的。就是泗水秦光仪的千金秦玉锦啊。如果我没记错，姑娘今年也有十五六岁了吧？郎才女貌，我看般配！"

孔尚则一听也高兴地一拍桌子：

"对呀，我跟秦光仪兄是无话不谈的好友啊。那姑娘我见过，落落大方，既漂亮，又懂事，贤惠聪明。而且，那孩子还跟着光仪兄读书写字，是个才女呀。好好好，这个事我做主，就把玉锦姑娘娶回来，夫唱妇随，天生的一对。这个媒我来做！"

贾凫西拍着手笑道：

"尚则兄，我看你的病好了不少。"

孔尚则高兴地有些情不自禁，他没有接贾凫西的话，却急着问孔贞璠：

"堂叔，你觉得这门亲事妥当吗？"

孔贞璠见两位好友都这么肯定秦玉锦，也非常兴奋：

"你们两位看中的，一定错不了。我当然是求之不得，求之不得呀。就是不知道人家姑娘有没有许配人家，更不知道姑娘的父母有没有这个意思，两个人的八字合不合，还有……"

贾凫西打断孔贞璠：

"贞璠兄顾虑太多，咱们不就是提亲嘛，要是不行再寻他家也可以嘛。再者说了，有尚则兄当这个媒人，贞璠兄不用担心，我看，只要两个人的八字合上，其他都不是问题。对了，还有一个问题——"

贾凫西望着孔尚任，有些不好意思地说：

"咱们说得这么热闹，却还没有问问尚任——这个当事人哪，尚任是不是愿意，先得问问他。"

孔尚任红着脸，低下头说：

"一切听父兄长辈的安排。"

贾凫西笑了，豪爽地端起茶盏：

"以茶代酒，我这里提前祝贺了！"

说着，贾凫西呷了一口茶。孔贞璠自然更高兴，他也端起茶盏，附和贾凫西：

"谢谢凫西兄，谢谢尚则侄。"

孔贞璠知道那位姑娘，不止一次见过。但是考虑到目前孔尚则身体状况就说：

"这件事情不用着急，等尚则的身体好转了再劳你的驾。"

孔尚则高兴地说：

"一谈这事，我的病就没了，这事宜早不宜迟，早一天定下来早一天办大事，不能耽误。我看明天我就去。"

孔贞璠连忙阻止道：

"使不得，使不得！再急也得等你的身体好一些了，不差这一两天。"

贾凫西却笑着说：

"贞璠兄，这个你不要阻拦。我看，要是促成了尚任这门亲事，说不定尚则的病就好了呢，这比什么灵丹妙药都管事！"

不久，在孔尚则的说和下，孔尚任娶了知书达礼的泗水姑娘秦玉锦。但孔尚则却在将两个年轻人撮合在一起后去世了，连他们的婚礼也没能参加。这成为孔家一大憾事。

第 07 章　石门苦读

孔尚任在四氏学堂严格又严谨的环境下学习生活了 12 年，直到他 20 岁才结束。20 岁以后，他便进入石门书院成为"诸生"，开始准备乡试了。

"诸生"也就是俗称的"秀才"，这是对通过了本省各级考试进入各地府、州、县学校的学生的一种称呼，而从四氏学堂毕业的学生自然是诸生，再进入石门书院就是为了进一步参加由省府组织的乡试，也就是为考举人做准备了。

应当说，孔尚任在四氏学堂苦读的 12 年奠定了他日后扎实的创作基础，以及严谨执着的精神。在高压、高标准的教学体制下，孔尚任逐渐成长起来。

孔尚任的父亲在心里总有一点点遗憾，因为这个令他得意的儿子并不是他的原配夫人李氏所生。孔贞璠的原配李氏在生了两个儿子孔尚恕、孔尚仔之后去世了，而孔尚任则是孔贞璠续娶的夫人吕氏所生。

这多少让孔贞璠都觉得有些歉疚，原因是，他不能完全公平对待这三个儿子，对哪一方稍有偏爱都怕引起误解，因此，孔贞璠把对孔尚任的偏爱埋在心里，他只能默默关注。

按照"学而优则仕"的基本人生规划，孔尚任还要在石门书院经历一段时间的学习，熟读经史，谙习文章，积蓄能量，等待机会考取举人。

清代科举考试有着严密的程序，整个考试分为院试、乡试、会试、殿试和廷试五个级别。院试由各省组织，通过了就是秀才。乡试以后都是由国家组织，派出考官。乡试通过了称举人，举人参加会试合格后成为贡士，贡士才有资格参加殿试。殿试合格后成为进士，进士便获得了廷试的资格，而廷试则是由皇帝直接考察。一级一级考，每一级都有每一级的考法与规矩。这是明清时期甄选官员的制度，也是读书人的正途。

科举之路也是一条艰辛之路。自隋唐以来，科举考试已经形成了一套成熟的方法，应当说，这些规矩和制度对于选拔人才起到了相当重要的作用，读书人为了应对这样的考试也进行了艰苦的准备。但是，也正因为多年来形成的这些规矩，使得科举考试制度固化、僵化，有些满腹经纶的读书人，不一定能适应这样的考试。

1667 年（康熙六年），孔尚任在父亲的陪伴下来到了石门书院。书院位于石门山的西侧，景色优美，环境极佳。主持书院的是颜氏后代颜光众，这是一位学问好、人品好，非常热心厚道的长者。

孔贞璠、孔尚任给颜光众行过礼后，孔贞璠托付说：

"颜先生就请您受累了，尚任进入应试阶段后，许多事情都不懂，需要颜先生多多教导。"

颜光众客气地应允：

"孔家弟子都是受过良好教育的，而尚任，我听说在学堂里也是个很出色的学生，一定错不了。进入书院主要是靠他们自己的自律自觉，我们呢起到的是指导作用。舍弟颜光敏与尚任在一起读过书，他年龄偏大一些，现在去京城里去应会试了，走之前，也跟我提起了尚任，说尚任基础好，聪明，未来是会成大事的人。"

听到颜光众的表扬，孔贞璠心里高兴，嘴上却说：

"哪里哪里！他差得太远，还有许多地方需要补足，尚任的未来就拜托先生了。把孩子交给您我们也放心，谢谢了！"

石门书院的读书生活比起四氏学堂来就轻松得多了，也没有那么多的管束。这是因为来石门书院读书的学生都是已经成年，且都经历了初蒙期那种严格管理的阶段，现在更多的是为了准备迎接即将到来的三年一度的乡试。

在石门书院里有许多孔尚任的朋友，孔尚鉁、孔尚倬、孔尚恪等，还有颜氏、曾氏、孟氏家庭的弟子。他们的年龄相差较大，虽然经过四氏学堂教育之后，都是秀才了，但是，考取举人的乡试之路并不顺利，有的人很快考取了举人，准备参与"会试"，等待考取进士。如孔尚任在四氏学堂的同学颜光敏，已经完成了乡试，考取了举人，就在孔尚任刚刚进入石门书院的时候，他都进京参加完会试，并考取贡士，而且顺利地参加了殿试，也就是康熙皇帝亲自主持的考试。皇帝对儒家弟子另眼相看，殿试也出乎意料地顺利，于是他获得了进士身份。

正是孔尚任进入石门书院的这一年（1667年），三月份春暖花开的季节，颜光敏考取进士的消息传来。先到了有着"进士村"之称的苗孔村。孔氏、颜氏、孟氏、曾氏等都在这里有大宅别墅，这个消息让这个吉祥之地热闹起来。消息也传到了石门书院。作为自己的胞弟，书院的先生颜光众自然是喜不自胜。他召集起弟子们，告诉大家这个好消息，也希望大家以这位师兄为榜样，勤学苦读，争取早日考上进士。

颜光敏是孔尚任的好友，两个人曾经常在一起读书、作诗、骑马射箭、对弈弹琴，无话不说。颜光敏比孔尚任大几岁，因此早早地参加了乡试、会试，且比较顺利。颜光敏一考成名，不只是在苗孔村成为名人，就是在京城也成为朝廷看重的人才。孔尚任为自己的好友高兴，这个曾经朝夕相处的朋友，让他看到了自己的未来和希望。

1669 年（康熙八年）4 月，康熙亲临国子监，对在国子监的先生、学生们进行慰问，亲问每一位成员的家庭背景和升迁路途。当得知，国子监里有相当多的人都是孔氏和儒家的后代，非常高兴，他当场决定对孔、孟、颜、曾四氏在朝廷担任官职的人员加爵升官，颜光敏也在此列，被授予"国史院中书舍人"职位。

消息传到石门书院，又是一片欢呼声。颜光众自不在话下，秀才们更是受到鼓舞，从自己熟悉的人中走出来了一位朝廷命官是件大事。但同时，颜光敏的升迁也给备考的学员们带来了压力。

孔尚任更是如此，想到父母、妻子的殷切期待，也想到自己寒窗苦读这么多年，总要有个正果。特别是身边的朋友们一个个都走上了仕途，他内心充满了焦虑。

乡试、会试都是三年一考，乡试如果错过了，就得等三年。而乡试与会试之间还需隔一年才进行。在孔尚任进入石门书院的时候，恰好是颜光敏去京城"赶考"之时。颜光敏一考成名，而孔尚任却需继续等待。

在石门书院读书，一方面是将已经熟读的四书五经不断地温习；另一方面是熟悉乡试考试的基本方式和规矩。当然，在石门书院读书也是在等待三年一度的科举考试。

孔尚任带了一架琴到石门书院来的。他最近一段时间对弹琴的兴趣更浓了，乐律带给他许多快乐。高兴时弹奏让他愉悦，苦闷时弹奏让他解忧。四氏学堂教学中"六艺"也是重要的一部分，在儒家学问之外，他更钟情于"六艺"训练。六艺也就是礼、乐、射、御、书、数六种技艺。自古儒家教育就讲究"通五经贯六艺"，在五经之外，"六艺"贯穿学习的整个过程，特别受到重视。

但是，各级科举考试却并没有"六艺"内容，进入石门书院准备科举考试的秀才们，每日只需对四书五经不断地进行温习即可。特别是在书院等待乡试的学子们，更是需要把精力放在背书、写文章、练字上，对于乐律之事，通常是放弃的。但是孔尚任却总是放不下这些他感兴趣的东西。

在乐律方面，孔尚任是下过功夫的。他的忘年交贾凫西的鼓书散曲对他有一定的影响，他还专门修习过一段时间的琴技。在曲阜一带有一位音律大家叫王隐臣，和孔尚任是好朋友。

但是，石门书院的颜光众先生认为在这里读书的秀才们，只能为一件事操心，那就是乡试。在他的观念中，只有能顺利通过乡试，这些年的寒窗之苦才能得到回报。因此，他希望每一位在石门书院读书的学子都心无旁骛、专心致志，只攻乡试科目，而不管其他。

一日，颜光众把孔尚任请到自己住处，委婉地对孔尚任说：

"尚任呀，还有不到三年，你就要到济南府去参加乡试了，准备得怎么样了？"

孔尚任答：

"日日苦读用功，就在等待机会。先生对学生是否有教诲？"

颜光众说：

"你是聪明好学的孩子，你的父亲和家人都对你有着很多期盼，这个也是无须我多言的。因此，我觉得你应当更加把劲，再专注一些。"

孔尚任感觉老师话里有话，就问：

"先生，弟子有哪里做得不对，请您直言，我一定会改正。"

颜光众便说：

"你的学兄学弟们觉得你经常弹琴，对他们有所影响。不过我倒不觉得琴声是个大事，而是因为你弹琴多了，会占用时间，你读书的工夫就自然会少了。我的意思是，准备乡试期间，先把琴放一放，把时间只用来准备考试。这样会更好。"

听颜光众这样一说，孔尚任脸有些红了，他立即不好意思地答：

"弟子记住了，一定改正。"

从此，孔尚任把心爱的琴挂起来，不再弹奏。颜光众也满意地点头，这是他最欣赏孔尚任的地方，听话，有错就改。

有一天，石门书院的看门人接待了一位远道而来的背着琴的先生，想进书院里拜访孔尚任。守门人问来访者的目的，那人说：

"我叫王隐臣，是孔尚任的好友，我们曾经在一起切磋琴艺，今天找他也是想以琴会友。"

王隐臣是抚琴高手，在曲阜一带名声响亮，凡是爱琴者无不知晓此人，但守门人并不知道。恰在守门人为难的时候，颜光众路过，问是怎么回事。

王隐臣又把自己要见孔尚任的话说了一遍，颜光众想了想说：

"他现在回家去探亲，不在书院里。等他回来后，我们转告他，您来过。"

王隐臣很遗憾地说：

"只好如此。"转身离开了石门书院。

其实那时，孔尚任正在书院里读书，而颜光众是怕王隐臣的拜访影响了他的读书，所以才婉拒了他。当得知王隐臣来过后，孔尚任十分后悔，这么大的一个抚琴者，一般的人想见都很难，他却主动来找自己，却没能见到，这是很大的遗憾。虽然读书很重要，但是见王隐臣对于此时的孔尚任来说，更重要啊。

王隐臣是四氏学堂的"学录"孔贞灿的好友，孔尚任只能算是学生辈的。他给孔贞灿写了一封信，请老师孔贞灿向王隐臣表达歉意，并表示，有机会一定亲自去拜访。

孔尚任放弃了一切社交和与外界的来往，一门心思扑在读书备考上。他不仅反复熟读儒家的经典著作，对科举考试中的策论、经义、论、判、诏、诰、表等内容和形式也进行了温习。特别是对策论内容准备得更是认真。

谁曾想，孔尚任第一次参加乡试失利竟与策论有关。

第 08 章　结婚生子

1670 年，孔尚任 22 周岁了。他在石门书院的学业进步很大，他在读书中获得了乐趣，但同时，也对未来充满了莫名的焦虑。每次回苗孔村的家里，都有些愁眉苦脸。父母看在眼里，痛在心上。他们也都知道，在乡试考中之前，是不能有任何放松的。但是，要是一直这样紧绷下去，怕是要生病的。

孔贞璠跟妻子吕氏说：

"自从尚任到石门书院之后，回家的次数越来越少了。而且每次回来都兴致不大，咱们得想个办法让他高兴起来。"

吕氏也担忧地说：

"是啊，以前都见他有说有笑的，会朋友，弹琴，下棋，又忙碌又高兴。"

孔贞璠突然想到：

"哎，尚任也老大不小了，咱们给他完婚吧。或许一结婚就好了。"

吕氏也高兴地说：

"我早有此心，就怕你不乐意。尚任结婚后，我们帮他照顾家室，他该读书就去读书，该应考就去应考。"

"对！"

孔贞璠为自己的这个想法而兴奋：

"秦家也是跟我说过多次了，我一直就想啊，结婚会不会影响他的学业。现在想开了，说不定结婚后，不仅不会影响他，或许还能让他更上进呢。"

说干就干，孔贞璠立即去石门书院找颜光众。颜光众一听：

"这是件大事，理当速办！"

然后，孔贞璠又找到孔尚任，对他说：

"考试是一件长期的事情，考完了乡试还有会试，考完了会试，还有殿试，总是要不断地等啊。可是，咱们也不能这样等下去啊。我跟你娘商量了，想给你先完婚……"

孔尚任一听就不同意：

"父亲，孩儿学业正在紧要关头，现在又是一事无成，还是把结婚的事推一推吧，至少等我考完了乡试以后再考虑。"

孔贞璠严厉地看着孔尚任：

"这件事，你得听我和你母亲的，你自己不能做主！我们也不是不通情达理，我们考虑的不只是你一个人的事。你可以拖下去，可是，你考虑过人家秦玉锦没有？人家一个大姑娘家，整天待字闺中，出出进进，不让人说闲话？你成了家，你秦叔和我也就都踏实了。完婚后，你还是回你的书院读书，我和你母亲照顾玉锦。等你们有了孩子，我们也可以帮把手嘛。这事，我看就这么定了。"

虽然有些不乐意，但是父母之命难违。孔贞璠又替孔尚任跟颜光众请了婚假，邀请颜光众婚礼时去喝喜酒。

孔尚任的婚事热热闹闹，苗孔村的亲戚朋友，还有书院的同学，孔、孟、颜、曾各家都到孔家宽敞的大宅来贺喜。

看着这个热闹场面，孔贞璠想起了媒人孔尚则来，他叹口气：

"尚则成全了尚任的大事，还要喝一杯尚任的喜酒，可是他没有等到这一天却离开了。很可惜呀！"

吕氏嗔怪地说：

"哎呀，大喜的日子，高兴起来吧。等结婚之后，咱们陪着尚任和玉锦一起去坟上告慰他一下。让他放心。"

"还有凫西兄，他也应当来参加的。"

吕氏问：

"可说呢，他贾叔现在情况如何？也有很长时间不见他了。"

孔贞璠说：

"自从他去了兖州以后就再无音信。我托人去打听他的消息，都说他居无定所，走街串巷的，说书唱曲，很难找到他。"

吕氏关心地说：

"他贾叔是个大好人啊，如果没有他的穿针引线，也不会有这门亲事。都这么大年纪了，身边也没有一个知冷知热的人，早该歇着了，还这样……"

"他呀，也就是图个自由痛快。"

令孔尚任没想到的是，娶回家的秦玉锦如此美丽温柔。虽说是父母之命，媒妁之言，当他揭开新娘红红的盖头时，却一见钟情。

孔尚任拉起秦玉锦的手，目不转睛地望着她。秦玉锦羞红了脸，她也对面前这位高大帅气的郎君大喜过望。之前孔尚任与秦玉锦没有见过，秦玉锦住在泗水，孔尚任家在曲阜，虽互有知晓，却从未谋面。

婚事让孔尚任一扫烦闷心情，心境好起来。他们按照习俗，结婚后，先到孔林拜祭列祖列宗，然后去告慰逝去的亲朋好友。然后是回娘家，拜访亲友。夫妻两人同出同入，心心相印。这让孔尚任有些乐不思蜀，他几乎忘记了自己读书备考的事情。不过，孔贞璠却没有忘记，秦玉锦也没有忘记。

秦玉锦担心孔尚任因为组成家庭而丧失进取心，因此，她对孔尚任说：

"咱们成婚了，也了却了你我的心愿。可是，你更大的心愿是中举人，考进士，男人应当有更大的事做。"

秦玉锦受父亲秦光仪的影响，从小知书达理，明辨是非，她的话让孔尚任有些脸红。一个女子都有这么清醒的认识，自己却被温柔乡给羁绊住了，真是不应当。

他知道自己该回书院读书了，就去跟父母告辞。

其实，孔贞璠这几天也一直想提醒孔尚任回书院读书，但还没找到合适的机会。他知道读书这件事，耽搁久了再捡起来是需要时间的。正在这时，孔尚任要告别他们回书院了，这让孔贞璠长舒一口气：

"儿啊，你这样想就对了。结婚是大事，科举也是大事，结婚是家庭的大事，科举之路是事业的大事，两者都不可放松。"

那时，正是阳光普照的清晨，孔贞璠把院子扫干净，泼上清水，空气清新，心情也好。他走进院子里的长松亭中，对跟进来的孔尚任说：

"你要记住孟子的那句话'原泉混混，不舍昼夜，盈科而后进，放乎四海'。要持之以恒啊！只要坚持，学问就会进步，反之耽误一日就会荒废一日。结婚这些日子，你耽误的时间可不少呀。我很乐意听到你自己提出回书院读书的想法，你很清醒啊。"

"是，儿谨记。"

孔贞璠坐在长松亭的凳子上，若有所思道：

"孟子还有言：'故天将降大任于斯人也，必先苦其心志，劳其筋骨，饿其体肤，空乏其身，行拂乱其所为，所以动心忍性，曾益其所不能。'儿啊，还是要下苦功夫，下大力气呀。"

"是。"

孔贞璠低声地问孔尚任：

"你想回书院去的想法，跟玉锦商量了吗？"

孔尚任不好意思地说：

"正是她催促我回去的，不然，我还有些不想回去呢。"

孔贞璠笑了：

"玉锦这孩子懂事啊，有这样贤惠的妻子，你就好好地读书，考取功名，也让她放心啊。"

恰在这时，颜光众派人到苗孔村找孔尚任来了。原因是，山东巡抚刘芳躅到曲阜来拜谒孔子庙，知县通知，要石门书院的秀才们去迎接。据说，刘芳躅也是位通晓儒家文化的读书人，说不定，他还要随时问询有关孔子文化的问题。书院的秀才很多，可是突出的也就是那么几个，孔尚任是一个。所以，颜光众叫人来请他。

他们走出长松亭，父亲说一声：

"回书院吧，收拾一下，马上走。"

孔尚任结婚后的第二年，也就是 1671 年，秦玉锦怀孕了。

那是中秋节，天气凉爽，孔尚任回家探亲团聚。孔尚任的两个哥哥孔尚懋、孔尚仔，还有两个嫂子，全家都聚在一起，有说有笑。

母亲吕氏问孔尚任：

"你没发现玉锦的变化？"

孔尚任盯着秦玉锦看了半天，摇了摇头，困惑地问：

"难道她有变化？"

吕氏微笑着说：

"让玉锦自己跟你说，也跟大家说吧。"

玉锦红着脸说：

"我有身孕了。本来想瞒一段时间的，怕你惦记，不能安心读书。"

孔尚任高兴地说：

"太好了！咱们要有儿子了！"

孔贞璠却反问：

"你知道是儿子？要是生个女儿来，你就不要了吗？"

孔尚任有些忘乎所以地说：

"要要要，儿子、女儿都要，都是我们孔家的后代。"

一家人向孔尚任和秦玉锦祝贺，其乐融融。

1672 年的孔氏家族传来了两个喜讯。

5 月，孔尚任的孩子出生了，是男孩。根据孔氏祖谱排行，孔贞璠为孙子取名为"孔衍谱"。孔尚任请假回家看望妻子和新生儿，兴奋异常。

8 月，石门书院弟子孔尚鉝在乡试中榜上有名，考取了举人。孔尚鉝是孔尚任的族兄，本来孔尚任应当与其一起去应乡试的，但因儿子刚刚出生，他放弃了这次机会，想等待三年后的乡试。自然，孔尚鉝的中举，对孔尚任有很大刺激，他一方面为这位朝夕相处的兄弟高兴；另一方面，也为自己错过这次机会而遗憾。同时，孔尚任的压力也增大了。他更加努力读书，铆足劲等待着下一次乡试的到来。

1674 年，孔尚任的次子出生，取名为孔衍志。这一年，孔尚任 26 岁，已在石门书院读书七年，学业精进，家庭幸福。但最近的一次乡试，他又错过了。1675 年，他是已经准备好了去济南府考试的，但突然生病，以当时的状况，即使硬去考试也不会获得好结果，因为一次乡试要近十天，并且吃住皆在狭窄的考棚内，这是对考生的巨大考验。有的考生就是因为体力不支而倒在了考场上。这个风险是不能冒的。再加上次子孔衍志刚刚出生，母子也需要有人陪伴。孔尚任决定再延缓一年。虽是自己的决定，却也是不得已。这让孔尚任久久不能释怀。

1676 年，又一件悲伤的大事对他打击很大，那就是孔贞璠的好友、孔尚任的精神导师贾凫西去世。在孔尚任的一生中，贾凫西对他的影响很大，后来在他的《桃花扇》里，说书人柳敬亭的身上就有贾凫西的影子。虽说，贾凫西终年 82 岁，在那个时代是高寿，但对于孔尚任来说却难以接受。

贾凫西的去世令孔尚任悲痛不已，他提笔为贾凫西写了一篇《木皮散客传》，把逝者的一生记录在案，表达了对这位给他深刻影响的前辈的哀思之情。

第 08 章　结婚生子

第 09 章　赶考路上

又一个艰难的三年周期之后，1678 年，已经 30 周岁的孔尚任终于迎来了自己的乡试。

孔尚任因为出于四氏学堂，是孔子的后代，因此享受着特殊待遇。他们一走出四氏学堂的大门就获得了参与乡试的资格，已经是秀才、诸生，只等每三年一次的乡试了。

普通学子如果想参与乡试是需要一次"科试"过程的。科试是由国家组织的考试，是由皇帝亲自选派的"学政"主持。这个官职非常重要，通常由侍郎、京堂、翰林、科道、部属等官员受皇帝委派出任。这个官职一般三年一换，在地方有专门的办事衙门"提督学院"。因此，参加乡试的学子们，是否能够过关，"学政"是最终定夺者。

普通考生参与"科试"也是非常曲折的。考试过程成绩分为三等，只有成绩在一、二等的人才能够获得乡试资格。如果只考了个三等成绩，考生有一次机会补考，也就是由学政出题考试，称为"录科"。其他连三等也没有考上的人，以及"录科"没有通过者，仍有一次补考机会，也就是"录遗"。录遗考试通过了，依然能够参与乡试。

1678 年（清康熙十七年）是戊午年，也是孔尚任 30 周岁，恰逢乡试之年，孔尚任对此次应考充满了信心，家人们更是充满了期待。

那些日子里，孔贞璠是最忙碌的。他从自家的仓库里翻出了当年自己赶考时的"考篮"。这只篮子是孔贞璠在 1633 年（明崇祯六年）到济南府考乡试时背的，已经有 45 年之久。他一直留着，就是想等有一天自己的后代去赶考时也用它。孔贞璠背着这个篮子考上举人，是有吉祥之意的。今天他翻出了考篮，收拾妥当了准备给孔尚任用。

那是一只用藤条编织的篮子，已经泛黄了，也有些破损。孔贞璠先是用水反复擦洗，洗干净了晾晒。看着孔贞璠这样用心地在收拾这只考篮，吕氏就说：

"都破成这样了，再给尚任买一个吧。"

孔贞璠摇着头说：

"这可是个吉祥之物。45 年前，我就是带着这只篮子考上了举人，45 年后，尚任也一定会带着他考上举人的。它能带给咱们好运。"

吕氏笑着说：

"还成了传家宝了不成？"

孔贞璠认可道：

"是呀，这确实要成为传家宝的。这个考篮要一直传下去，我背着它考中了举人，尚任也要背着它考中举人，以后，我的孙子也要背着它走进考场，也要考中举人、进士。这是个吉祥之物。"

吕氏觉得没有办法说服孔贞璠，笑了笑也就不再说什么。

孔贞璠坐在长松亭里细心地修起考篮来。长孙孔衍谱带着弟弟孔衍志从院外跑进来，他们嬉戏着，跑到孔贞璠身边。这时的孔衍谱已经 6 岁了，弟弟孔衍志 4 岁，两个小家伙蹲在孔贞璠旁边。孔衍谱问：

"爷爷，您这是给我们做小车吗？"

孔贞璠慈祥地说：

"这可不是车，这是考篮，是给你们的父亲准备考试用的。"

孔衍志也问：

"那这里装什么？"

孔贞璠说：

"这个嘛，要装很多东西的。考试用的笔墨纸砚，还要放食物、杂物。你爸爸要在济南府考 10 多天的试，在考场上用的东西都要装进去。"

孔衍志认真地问：

"爷爷，那能把我装进去吗？爸爸用这只篮子带上我去考试可以吗？"

孔贞璠笑了：

"衍志呀，你爸爸是去干大事的，要考举人，考进士，还要考状元的。"

孔衍谱问：

"什么是举人呀？"

孔贞璠答：

"你们看，我就是举人呀，像爷爷这样的就是举人，是读书人，是大读书人。"

孔衍志说：

"就是补篮子的人，给爸爸补篮子考试的人就是举人。是举着篮子的人。"

孔贞璠大笑起来。这时，孔尚任背着大包小包地从院外走进来，秦玉锦早早地跑出来帮助孔尚任卸下东西问：

"都拿回来了？"

孔尚任说：

"都拿回来了，有的衣服也该洗一洗了，或许乡试之后，也不再需要到书院去了，就都收拾干净了。"

衍谱、衍志被父亲的归来吸引，他们也跑过来问这问那，围着大人们转。随后他们都进屋去了。

孔贞璠终于把陈旧破损的考篮修好，他喜滋滋地拎到孔尚任面前，笑呵呵地说：

"尚任啊，你看，这是我当年参加乡试时用过的考篮，45 年了。现在我把它修好了，我把他传给你，这次背着它，一定能考中的。你母亲说，要给你买个新的，我看这个就挺好的，是个吉祥之物。你背着它考中了，再传给你的儿子。这就是咱们家的传家宝了，会带给你好运气的。"

孔尚任见父亲这么上心，很感动，从孔贞璠手里接过来，仔细地打量着篮子，心里高兴。就说：

"儿一定谨记嘱托，传下去。"

孔贞璠坐在太师椅上，接着说：

"《尚书》有'人心惟危，道心惟微。惟精惟一，允执厥中'的十六字心传，就是强调，天下之道靠的是'心传'大法，尧传给舜，舜传给禹，以后又传给汤、周文王、周武王，后又经过周公、孔子一脉相传下来。这是圣人治天下的大法，也是个人修心的要诀。都是口耳相传，这便是大道啊。这个考篮就有个神传之意。"

吕氏和秦玉锦从孔尚任手里接过考篮。吕氏说：

"我们得给尚任准备要带的东西了，吃的、穿的、用的，都直接装好，明天就要出发了，你们再想想，别忘掉什么。"

考篮是明清时代参加科举考试的人必备的考试工具。与普通百姓日常生活使用的篮子不同，其形状是有法律规定的。《钦定大清会典事例》中明文规定："至于考篮一项，应照南试考篮，编成玲珑格眼，底面如一，以便搜检。"因此，通常考篮的四壁和上下底面必须玲珑透光，一方面是方便进入考场时搜查考生是否携带违禁物品；另一方面，也是通风的需要，因为考生要在考场里度过 9 天的考试时间，必然要带食物，每届考试都是固定的八月，是比较热的季节，如果密封会让食物变质。

考篮一般是用藤条、细篾、柳条、荆条编织而成，四角包铜，讲究的用银。提梁上也往往镶嵌有金属花片，比较讲究的考篮，盒盖和提梁两侧，或雕或镂，另有各色吉祥花样。

一到考期，一些商贩就会推着小推车到各个书院或者街面上去卖各种考篮，因为样式和质地不同，价钱相差很大。但考生和考生的家长为了图个吉兆，都会挑选质地好的、有着许多吉祥图案的买。因为这个考篮将伴随考生乡试、会试、殿试，有的考生仅乡试就要考无数次，甚至一生都在为乡试举人考试而奋斗，所以这个考篮也就差不多会伴随考生一生。因此，大部分人都要买一只质地好、耐磨实用的。不过，手巧的家长或者考生往往自己制作，除了国家规定的必须做到外，他们还会精心设计增加一些特殊的功能。

考篮通常是三层，也有四层，甚至五层的，都是活的，可以增加或减少篮层，这要看自己携带物品的多少。考篮里面除考试必用的文房四宝外，还有其他许多杂物。这些杂物主要是指号顶、号围、号帘、卷袋、笔袋。还要放上包菜和包蜡的油纸，装米面、馒头之类食物的口袋，擦脸漱口用的物件，香、药什么的。最底下通常是放饭碗、茶杯、筷子、勺子，还要装上做饭的锅、铫子（水壶）、蜡签儿、蜡剪儿、风炉儿、板凳儿、钉子、锤子等。因为三场 9 天的考试都不能离开考场，吃喝拉撒睡都得在考棚里进行，还不能带仆人帮手，一切都由考生自己完成，就需要带许多东西。

孔贞璠为孔尚任准备的这个考篮比一般街上卖的要宽大一些，有四层。这是当年孔贞璠的父亲为自己特意定制的。考篮是用结实的藤条做成，经过 40 多年的搁置，虽已褪色，也有些破损，但洗净补好后，还是很实用。

秦玉锦把孔尚任要带的衣物用品一件一件地仔细码放在考篮内，每放一层都要对站在一边跟两个儿子玩的孔尚任交代一下，这个是什么，放在哪一层，什么时候用，用完了要怎么洗净再放回原处，等等。孔尚任都一一答应着，内心对这个贤惠的妻子充满了感激。

吕氏在厨房与仆人们给孔尚任准备路上吃的食物。从曲阜到济南府有几百里的路，骑马快走也得十几个小时，步行就得十多个时辰，得多带一些吃的、喝的。吕氏走进屋来问孔尚任：

"除了带些包子、馒头、牛肉之外，你还想带点什么吃的东西？"

孔尚任笑着说：

"妈，我倒是想带羊肉汤呢，可是带不了呀。不是我想带什么就能带，还是要考虑到路上的方便和天气。有的东西，还没有吃就坏了，还不如不带。我的意思是，只要路上够吃的，简单一些，不用带太多。这样我也轻松一些，不然老得惦记着食物坏没坏，馊没馊。"

吕氏说：

"你要是想带羊汤也不是没有办法，只要你想，我就有办法。"

孔尚任连连说：

"我只是开个玩笑而已。您就不用操这个心了，咱们的目的是赶考，不是享受呀。"

吕氏说：

"那也不能太苦着自己。我让下人给你做些糕点，老刘的手艺不错。可惜要是现做现吃就更好了。还做了点枣糕什么的。对了，得给你带上一些月饼，你最后一试的时候，就是八月十五了，不能像在家里那样赏月饮茶了，也要吃几块月饼的。"

孔尚任摇着手：

"月饼可不能带了！若是到了八月十五再吃，就是十五天以后的事了，还不长毛发馊了？济南府的月饼有的是，各式各样的，我若是想吃了，就去街上买，现做的，还新鲜呢。我看，您就给我带几张大煎饼算了，煎饼里夹上些馅儿，又是面又是馅儿的，香酥可口，好吃还方便，到了济南府也就吃完了。我一路上吃两顿就到济南了，带几张大煎饼够吃就行。"

一家人热热闹闹地给孔尚任准备着出发前的物品。这时，孔贞璠问孔尚任：

"你想好了要怎么走了吗？"

孔尚任说：

"我还是想徒步去，这样一路上还可以欣赏一下景色，现在正是草绿花艳的时候……"

孔贞璠不同意：

"如果是平时，是没有问题的，可你是去参加考试啊，这么热的天，如果路上病了，或者出个什么问题，这个损失咱们可是遭受不起啊。不能走路，不能走路去！你已经放弃了几个三年了，这次一定不能出任何闪失。还是骑马走，听我的。"

孔尚任有些不甘心地说：

"那就听父亲的。我原本是想，正是因为天热，怕牲口受不了，我提前七八天出发，也是为了防备路上遇到麻烦。如果父亲觉得我还是骑马走，那就骑吧。"

"不仅要骑一匹马，还要带一头驴给你驮东西。这个马虎不得。一定要轻装前行。你提前这么些天走，路上就不用赶，累了歇一歇，不要走得太快。一路上照样可以赏景。轻轻松松到济南府，到了济南找家好一点儿的店住下，养精蓄锐，轻轻松松进考场，轻轻松松地拿下考试。"

看着父亲自信的样子，孔尚任笑了，想了想，父亲想得确实更稳妥。

家里给孔尚任找了一匹特别精神的马，一应物品都绑在一头驴身上，马只用来骑行，驴缰绳拴在马鞍子上，一前一后。

1678年八月初一。寅时，天还黑着，孔贞璠就把所有的随行物品都绑在牲口身上，就要出发了。秦玉锦和吕氏也早早地给孔尚任做好了饭。简单地吃过早饭后，在家人千叮咛万嘱咐声里，孔尚任与家人们告别，出发了。

从曲阜出发，一路向北，路上尚没有什么人，清静舒适。虽然正值火热的夏末秋初，但因出来得早，天正是凉爽之时，还没有热起来，所以，走起来顺利安然。

走了一会儿，天就亮了。路上也逐渐有了人，多是挑挑子的买卖人，三三两两的。再过一会儿，天大亮的时候，温度也开始升高了，孔尚任就找了一处阴凉地方停了下来。跳下马，把驴背上的物件卸下来，再把马鞍子卸下来，让马和驴在周围的青草地吃草，自己也在一棵大树下坐下来歇息。

树林里的潮气随着气温的升高也在向上翻腾着。这时，孔尚任看到远处有位徒步的老汉，身上背着一只大箱子，向这边走来。走近了才看清，老汉大概有六十多岁的样子，最明显的是，下巴上有一把雪白的胡子。还没等孔尚任打招呼，老汉先开口了。

老汉问：

"公子，这是去哪儿呀？"

孔尚任答：

"去济南府。您这是去哪儿呀？"

老汉走到树荫下，在离孔尚任不远的地方卸下箱子，坐下来。孔尚任这才注意到，老汉身上背着的也是只考篮。

"我也是去济南呀，我看你这个样子，是赶考去吧？"

孔尚任点点头：

"是呀，去乡试。"

老汉乐了：

"巧了，我也是去赶考……"

孔尚任疑惑地打量着老汉：

"您是送孙子去考试？怎么没见着人呢？"

老汉笑了，捋着胡子自嘲道：

"我是自己赶考！不太相信吧？"

孔尚任惊疑地问：

"您自己赶考？"

老汉说：

"是呀，都老朽了，还在折腾，都让人烦了。可是，读了一辈子书得对自己有个交代吧。反正，除了读书，我也没什么本事，就考吧。"

孔尚任很敬佩地说：

"您看上去跟我的父亲年龄差不多了……"

老汉答：

"老朽今年64周岁了，从13岁就参加乡试，年年考，年年落榜，年年落榜年年考，是个老秀才了。读书人，除了科举之路，还能有什么出息？"说着老汉哈哈大笑。

孔尚任说：

"您还是挺乐呵开心的，这样挺好的。在下，姓孔，您老先生怎么称呼？"

"马，我姓马，马得荣便是在下。汶上人。兄弟，你呢？"

孔尚任答：

"我是曲阜的，姓孔，叫孔尚任。"

马得荣惊喜地拱了拱手：

"圣贤之乡呀，肯定学问好，那是不用说的。学兄，这是第一次乡试了？"

孔尚任不好意思地说：

"不敢不敢，哪敢跟您称兄道弟？您叫我孔先生即可。我这是头一次参加乡试，心里没底呢。"

马得荣开朗幽默：

"考得多了，就知道是怎么回事了。可是，孔先生的年纪也不小了，如何等 30 岁才应乡试？"

孔尚任有些无奈地说：

"阴差阳错，一次次地错过考期，直到今日才顺利成行。"

马得荣开导：

"什么时候开始都不晚。你看，老朽偌大的年龄了，还在考，我孙子现在都在准备考进士了，我胡子一大把，还在凑举人的热闹。人嘛，这一辈子总得有个奔头。"

马得荣是个健谈的人，两个人天南海北地聊了起来。从他的口中孔尚任得知，院试考秀才的时候他就经历过多次，到了乡试考举人，也已经考了多次，就是不中。马得荣叹息：

"就是运气不好，科举的运气不好。"

在谈话中，孔尚任判断这位老先生学问很扎实，谈吐不一般，人又好，是个不可多得的人才。可惜，科举考场没人看这些，只看你是不是写得了八股，能否做得了试帖，其他都不重要。

过了一会儿，马得荣站起身，笑眯眯地说：

"得走了，我是步行，要比你慢个把时辰，咱们济南府见吧。"

孔尚任赶紧站起身抱拳：

"马先生，何不同行？我这里有马有驴，若是累了，还可以换着骑骑……"

马得荣一边往身上背考篮，一边摆手说：

"不了，你走你的，我走我的。我要走小道，早走这些天就是想顺路去看个朋友，在他那里住上几天再走。我看时间也不早了，你差不多也该启程了吧？我估计，你到济南府也得下午了吧。"

看着马得荣走远了，这才重新把马匹物品收拾停当，骑上马，继续赶路。路上打尖吃饭，累了歇，渴了喝，申时（下午3点至5点）到达济南城。

第 10 章　科举考场

与曲阜相比，济南府热闹了许多，人来人往，车水马龙。进行乡试的贡院在泉城大街的北边，旁边是珍珠泉、大明湖。孔尚任便找了一家离贡院较近的客店走了进去。有人堆着笑意迎出来问：

"您是吃饭，还是住店呢？"

孔尚任答：

"我是来住店的，要住个十天半个月的。要间安静的房。"

店家说：

"有有有，里面的客房您可以任意选。先生是来做生意的，还是探亲的？要住这么长时间？"

孔尚任笑笑说：

"我是来参加乡试的，怎么？不欢迎吗？"

"噢！是位秀才。怎能不欢迎呢？欢迎欢迎！不过您来得也太早了吧？还有差不多十天才开考呢，八月初九是第一场，您还得等上个七八天的时间。不过，来得早可以在济南城里转转。"伙计把考篮、行李物品都卸到地上，随后把牲口牵到院子里的牲口棚去了。

孔尚任坐在店里说：

"我就是要早来几天，适应适应，不然，怕临考的时候再来会有意想不到的事情。"

店家竖起大拇指：

"先生想得周到。早来也能找到好房子，到临考时，房子可就紧张了，有钱也找不到好住处。你现在来了，可以随便选，还有的挑呢。要是临考了再来，还不挤个你死我活的？年年这样。"

正说话间，有位身材高大、两眼迷离、肩膀向右歪斜、穿着一身旧衣衫的男人走了进来。他拎着一个葫芦，一脚跨进客店，轻轻地摇晃着脑袋，自顾自地唠叨着：

"话说天下大势，分久必合，合久必分。周末七国纷争，并入于秦。及秦灭之后，楚、汉纷争，又并入于汉。汉朝自高祖斩白蛇而起义，一统天下，后来光武中兴，传至献帝，遂分为三国。"

那人高大的身材站在柜台前像一面墙，把葫芦递给店家。店家笑着说：

"我说，还是老规矩？来两斤？"

那人傻笑着点头：

"来两斤。"然后递上银两，嘴里继续唠叨着：

"子曰：'学而时习之，不亦说乎？有朋自远方来，不亦乐乎？人不知而不愠，不亦君子乎？'"

店家边从酒坛中给那人打酒，边逗他：

"我说，还考呀？"

那人嘿嘿地笑了两声：

"昔在帝尧，聪明文思，光宅天下。将逊于位，让于虞舜，作《尧典》。"

店家笑了，把葫芦递给那人：

"我说，伙计，都串了！一会儿《三国》，一会儿《论语》，一会儿又《尚书》的，都一锅粥了。"

接过酒葫芦，那人嘿嘿地笑着，向外面走去。一边走一边唠叨着：

"曾子曰：'吾日三省吾身：为人谋而不忠乎？与朋友交而不信乎？传不习乎？'"

听着那人唠叨着跨出店门，店家自语：

"唉，都魔怔了。年年凑这个热闹图个什么？弄几亩地种种，好好过个日子，比什么不强？非要考个举人。"

坐一旁的孔尚任问：

"刚才的那位大哥也是位秀才？"

"可不嘛，老秀才。就住在挨着贡院的云路街那，原本也是富足人家的弟子。老子是个进士，在德平当知县，他从小跟着父亲读书，也是饱读诗书了。可是，他父亲命薄，做了几年知县突然病倒，死了。母亲带着他就回到了济南府，就在云路街那里买了个宅子，住下了。母亲希望他也科举入仕，走他父亲那条路。可是，这一路走来，不顺，都没中。要说，这孩子学问是不错的，还是个大孝子。邪了门儿了，就是考不中，越是不中越要考，母亲也不让他找个营生干，就吃那点家底，落败了。这人也就魔怔了，废了。唉！'学而优则仕'，害人不浅哪。怎么着不也是个活着吗，干吗非要考个举人、进士……"

店家似乎突然醒悟过来，抱歉地说：

"我可没说您哪，我就是说这伙计，不是读书的那块料，又干不了别的，这样下去可不就废了嘛。"

孔尚任笑笑说：

"您这里，每三年都要热闹一次，您肯定看过不少这样的人吧？"

"可不！每年参加乡试都是五六百、七八百的人。那么些秀才聚到济南来，可是，只取那么十几个人，大部分人不都是陪考？考上的乐了，考不上的呢什么样的都有。好一点儿的，灰头土脸地走了，差一点儿的，就疯了。哭的，闹的，还有跳大明湖的，疯疯癫癫，年年这样。您看刚才这位了吗？就这样了，天天磨磨叨叨，嘀嘀咕咕，中了邪似的。可咋好呢？"

早上，热了一天的济南府的街面人不多。孔尚任手里拿着一把折扇，穿一双薄底快靴，只身走在大街上。他想趁天还没有热起来，沿着大明湖走一走，看一看济南府的景色。

参加乡试虽有忐忑，但经过这许多年的苦读准备，孔尚任还是信心十足的。在等待考试的过程中，他还有闲心游览济南的景色人文。

这些日子，孔尚任也没有太用功，他觉得该读的书都读了，该写的文章也都写了，剩下的就是运气了，太紧张了反而不会好。所以，每天早上出门，转到天热的时候回来，再读书备考，不紧不慢地等着八月初九第一场考试的到来。

那一日，他在泉城看到清澈透亮的泉水，又观岸上街的游人，回到住处写下了多首《历下杂咏》：

"香生荷叶散千家，堤上篱门向水斜。数遍画船无一事，女郎相对浣银纱。"

"烟火凭陵鸡犬骄，鱼盐满市海新潮。齐儿夸诈今犹昔，雪藕金梨索价高。"

他对济南府的风景人文有好感，印象也好。走走吟吟，漫步深思，济南府的人、泉城的风物、大明湖的清溪，在他的眼里都成了诗意盎然的画卷。

等到八月初八，孔尚任跟店家说：

"麻烦您给我准备一些吃食，我明天考试的时候带上。馒头、大饼都行，多带点儿。"

店家问：

"这个不难，我们店里的货备得多，要多少有多少。不过您不带点下饭的菜？"

孔尚任说：

"不好带吧？如果有咸菜什么的就带一些，我带着锅呢，到里面可以煮点粥，就着也就行了。"

"好嘞！"

那时，客店里已经住满了等待乡试的秀才们，熙熙攘攘，人来人往。孔尚任早早地睡了，就等着第二天进考场了。

不过，外面还是比较吵，半天都入睡不了。于是孔尚任又坐起来，点上蜡烛，看一会儿书。过了好长一段时间才算安静下来，倒在床上，进入梦乡。

按照朝廷的规定，乡试和会试每三年一次，都是在子年、卯年、午年、酉年举行，每次的考试时间也是不变的。乡试共有三场，每场考三天。第一场固定在八月初九这天，所有参加考试的人带足了吃的、穿的、用的，不允许中途退出考场。三天时间一切都要在考场里完成。

第二场考试是在八月十二日，要求与第一场一样，也是三天的考试时间。第三场是八月十五这一天。九月初五至十五日放榜，榜单就贴在贡院外的墙上，称为"状元墙"。乡试考中的成为举人，举人就有资格到京城去参加"会试"，考中者称为"贡士"，会试之后是"殿试"，考上的是进士。各级考试考不中的，过三年以后再来考。这个时间安排是不能改变的。

孔尚任一大早就起床了，前一天就已经把考篮装满了。起床洗漱完毕后，又检查了一遍，把要带的东西盘点一下。吃过早饭，随后背起考篮，随着住店的秀才们去贡院了。

店家也早早地起床，给这些秀才们准备吃食，等大家都吃完了，他笑呵呵地站在门外说着吉祥话，送大家去考试。

孔尚任来到贡院的时候，那里已经排起了长队，等待着检查。

高大的贡院围墙上，插着密密麻麻的荆棘，因此，贡院又被称作"棘围"。按照朝廷的规定，进入贡院的秀才们要接受非常严格的检查。先是对照相貌册核对其体貌特征是否为本人，然后再进行其他项目的检查。

先是搜身，按照要求，考生的衣服、帽子、鞋、袜子都必须是单层的，要是不符合要求自然会被勒令去换。检查的时候还要将衣服连接处拆开一部分进行查验，鞋必须是薄底的。考生所带的物品就是考篮，所有的东西都要放在考篮里。考篮中除了必要的考试用的文房四宝、生活用品、食物外，其他都不准带，更不准带仆人或者亲属进来帮忙。

排在前头的一位秀才因为砚台过厚，被拦在外面不让进。考生两眼泪汪汪，焦急万分地望着查验官，求他放自己进去。因为砚台只准许带薄的，厚的要没收，急得考生直掉眼泪，没有砚台怎么写字？要是因为这个进不去考场，可就太亏了。幸亏排在他身后的一位考生带了两块砚台，因考场只允许带一块，正不知道怎么处理呢，就送给了前面这位一块。

检查得太细，进贡院的速度就非常慢，队伍越来越长。有些秀才就不耐烦了，不断地低声骂街、埋怨，维持秩序的官兵大声呵斥："不准喧哗！""不准交头接耳！""否则以违纪处置！"队伍立即没了声。

官府的人绝不敢马虎，要是把不符合要求的人放进去，他们自己也要受处分，因此按照朝廷的要求一丝不苟地查。按照要求，连毛笔的笔杆子都要查，笔管不能是实心的，必须是镂空的，实心的都要被没收。

终于轮到孔尚任了。还算顺利，一件件地查过。查到考篮最底层时，检查者看到放着一些馒头、盘丝饼，就拿来一把刀来，对着馒头扎了下去。这让孔尚任吃惊不小——馒头也要查！

若是搜查出违禁物品，或者发现有人携带疑为作弊工具者，轻者在进入贡院前被逐出，重者被拘押在监牢一个月，而后问罪发落。

好不容易经过检查搜身进入贡院后，就会有人带着考生进入各自的"号房"。号房就是考生答题的隔间。号房的顺序是按照《千字文》的"天地玄黄，宇宙洪荒。日月盈昃，辰宿列张。寒来暑往，秋收冬藏……"顺序排列的。孔尚任的号房是"重"，这恰好与他的字"季重"相和，他内心一喜，或许这是个吉兆呢。

这些号房隔间前脸都是没有门的，是敞开的，什么都不拦。因此，考生到了自己的号房是要先把带来的帘子钉上去的。因此，考篮里往往会带着钉子、锤子之类的工具。考试期间，这些号房就是他们答卷、生活、睡觉的地方，又是大夏天，茅房就在"号房"的最里而，五六百号人的大便小解都在这里。味道极难闻，蚊虫也特别多，没有帘子是万万不行的。所以，非常有必要在自己的号房外钉上一块遮挡之物。

这些号房也都是有规定的。每间房子的高度是六尺、进深是四尺、宽三尺，比较狭窄，仅可转身。号房里面有两块木板，可以移动。答题写字的时候，一块板子当凳子，一块板子当桌子。到了晚上睡觉的时候，两块板子并在一起就是一张床铺。除了上茅房外，所有的活动都被限制在号房里。

两排长长的号房之间是一条狭长的巷子，盖有上千间号房。左右各一排，两个号房之间隔一堵厚墙，每个考生一间。左右两排号房之间是监考巡视人员活动的地方。考场的最外头加装一个结实的栅栏门，等全部合格的考生都进来后，栅栏门就会关闭。号房的另一头就是茅房，考生们最怕的就是被分派到挨着茅房的那些号房去，特别是紧挨着茅房的两间，实在难以忍受。的确也有因为无法忍受茅房味道的考生放弃考试的，可见茅房有多脏，味道有多难闻。

考试期间绝不允许有任何外来者，或者考生走出号房。除非重病或者死亡，才可能把人架出去，出去以后就不能再进来了。考场的四周还建有瞭望楼，上面有人执勤，可以随时察看考生的一切活动。

第 11 章　八股取士

乡试的三场考试各有重点。

八月初九是第一场，考三天。内容是考经义，这也是极为重要的一场。后人所谓"八股文"就出自"经义"考。

"经义"考试就是截取四书五经中的某句话为题目，先进行解释，后面再引申延展。这种形式源自北宋王安石，后代不断丰富，逐渐形成了定制，也就是"八股文"。

八股文因为出自四书五经，因而也被称为"四书文""五经文"，或者"八比文""时艺""制艺""制义""经义"等。八股文的主要特点是使用排偶文体，采取固定格式，文章必须有破题、承题、起讲、入题、起股、中股、后股、束股、落下等程序，缺一不可。特别是"起股""中股""后股""束股"这四个部分最重要，而这四个部分又各分出两股，形成"八股"，这就是"八股文"的来历。

八股文的难点在于其格式的苛刻，不仅要求文章必须充分阐述题目内涵，还要求每两股文字之间必须形成对仗，符合声律要求。章法非常重要，要将散文和辞赋合二为一，似骈非骈，似散非散。要按照"破题"、"比"（即对偶）、"讲"、"起"、"领"，以及"承""转""合"这样的一套规矩来串接起文章。"八股文"的字数没有特别规定，但是通常不能少于一千字。

进入考棚不久，一切准备停当，就开始分发考题了。考题整齐地写在一张宣纸上。孔尚任打开一看，是自己熟悉的《论语》，题目取自"为政篇第二"中的一句："子曰：道之以政，齐之以刑，民免而无耻。道之以德，齐之以礼，有耻且格。"

这题讲的是以"德"和"礼"治理天下的道理。为政者，不能只是以刑罚治理天下，而是要以道德、礼仪来治理，那样就会让人民知耻，心服口服，从而达到天下大治的目的。为政者，以道德治理是上策。这是儒家治理的重要观点。

孔尚任并不急于答题，而是坐在那里琢磨着这句已经背诵过无数次的语句，他想到了四氏学堂朗朗的读书声，和自己站在先生面前背书的情景。《论语》几乎每日都背，每月的初二、初三都由先生"会讲"，再去背，再"复讲"，再背诵。反反复复，也不知经过了多少遍。但是，孔尚任今天要写的这篇"为政"文章要写出一些新意来，他觉得这个话题也是自己想得比较多的。

铺开一张纸，在上面列出了一些他能想到的儒家有关德礼治天下的论述。在孔尚任读过的书中，《孔丛子》"刑论"里就有："古之刑省，今之刑繁。其为教，古有礼然后有刑，是以刑省；今无礼以教而齐之以刑，刑是以繁。"而《孔子家语》的"刑政"篇中也有"太上以德教民，而以礼齐之，其次以政焉。导民以刑，禁之刑，不刑也。化之弗变，导之弗从，伤义以败俗，于是乎用刑矣。"

他接着又列出了自己对于德政问题的看法若干，构思了许久之后才摊开纸，开始自己的文章。想清楚了，文章也就好写了，一气呵成。前后查看，也没发现有何错误与不妥，很满意。

孔尚任文章完成，便放下，走到考棚里面，打开考篮，取出水壶。打开帘幕，轻声地对站在门前的监考者说：

"取些清水。"

监考示意他走出考棚。水井就在院子中间，孔尚任轻轻地走到井边，打了一壶清水又走回来，点上火，烧了一壶开水，又取出茶具泡上一壶茶。边喝茶边看自己写过的文章，便觉畅然自得。

到了下午，孔尚任再次看了上午完成的题目更觉无误，既有对题目的深度解释又广征博引，将儒家德政思想说得十分清楚。重要的是，他离开题目自行发挥的地方，是他写作最为痛快之处。他把自己多年来的思考和阅读的工夫都用在此处，洋洋洒洒，灵光乍现，充分地展现与表达。他认为这恰是自己文章最重要，也是最得意的地方。这不仅是一篇文章，也可以当作一篇施政策略来看待，直接用在治理上是完全没有问题的。他想，如果他能一路顺利考下去，举人、贡士、进士，走上仕途，这篇文章中的观点，也就是未来他自己当官为政的思想。

顺畅而完整的写作使孔尚任之前进贡院被搜身、进考场被紧盯、进考棚的逼仄、臭气熏天的味道等种种不适一扫而空，心情大好。

这场"经义"考试也是他此后策、论、判等内容的基本思路，他所有的这些观点与论据，甚至文章的主调都统一在这样一种风格和观点之下，形成了颇为有气势的文风。

第二场考试是八月十二日。要考三天的时间。考论、判、诏、诰、表等内容。

第三场八月十五考第三场，考时务策等。

最后一场考试开考的时间是中秋节，考场内自然洋溢出思乡愁绪。有的考生悄然落泪，有的考生打开帘幕，望着远方，长吁短叹。

那天，恰好天气晴朗，天空如洗。夜幕降临时，圆圆的月亮在毫无遮挡的天空中缓缓升起，半个时辰不到，由低到高，就缓缓地升上夜空。

孔尚任却没有那么伤感与忧愁，相反，他对这个日子早有准备。明月高悬，恰是赏月赋诗时。

孔尚任泡上一壶茶，摊开一张纸，研墨化汁。想起刚来济南府游大明湖时的情景，恰如此时，月朗星稀，提笔写四句诗：

"湖上独行湖上眠，兼葭满目乱寒烟。居民种藕同禾黍，妇馌夫耘在水田。"

想了想，又蘸满墨汁，用清秀的隶书，写了四句：

"鹊华桥上望历山，野树参差野草斑。无限楼台遮不断，夕阳影外牧牛还。"

写完看了又看，意犹未尽，又用草书写了四句：

"泺水东临白雪楼，千山落照万山秋。行人来去歌吟遍，忘却题诗在上头。"

孔尚任心情舒畅，端起茶杯饮了口，然后掰了一块已经变得较硬的烧饼，权当月饼，放在嘴里慢慢咀嚼起来。

孔尚任没带月饼是因为月饼在八月的天气容易发霉，他准备的都是容易存放的烧饼，以此代替月饼。傍晚的时候，他还熬了一锅粥，就着烧饼，喝着米粥，不知不觉吃了两大块。

吃着吃着，孔尚任笑了。他看着面前的茶、烧饼和稀粥，苦笑着自语道：

"这算个什么吃法！"

三场考试，九天时间，吃住都被封闭在一间狭窄而憋闷的考棚里，这不只是对考生知识和能力的考验，更是对其体力和耐力的考验。为了"学而优则仕"，许多秀才准备了多年，儒家经典几乎已经烂熟于心，在学问方面没有太大问题。但是，进入这样的科举考场却是对考生身体和心理的极大挑战。大多数考生落榜并不是因为其学识不够，水平不行，而是在这样严苛的环境下答问是不能充分展现自己才华的。甚至，对于一些能力强、学问大，但身体、心理脆弱的考生来说，科举简直就是一次巨大的肉体摧残。

八月十八日，三场乡试终于全部结束了。

最后的时政策论完成后，在统一的命令下，考生们收拾好东西，背起考篮，略整理一下衣衫，纷纷走出考棚。

虽然脸上带着疲倦与茫然，但从他们神情中依然能够看出一种解脱感。这些日子，他们就像罪犯，被束缚、被训斥，没有自由、没有交流。有些秀才已经到了精神崩溃的边缘。他们像从地狱里走出来的鬼一样，终于走出贡院长长的甬道。

孔尚任也一样，浑身充满了倦怠与疲惫。他随着考生们一起走出考场。这时已经是傍晚了，可是八月的太阳依然火热，天空无云，微风习习。

沿着贡院的院墙向前走就是大明湖了，从那里飘过湿漉漉空气，让人精神一爽。他觉得应当到湖边走走，不急于回客店去。客店现在肯定是热热闹闹，吵吵嚷嚷，悲喜一片，他不喜欢那样的环境。于是孔尚任就沿着湖边一路走下去。

考生们从贡院出来后，真正决定秀才们命运的工作才刚刚开始。

考生的答卷完成后，考卷还需要经过一番处理，以防考官从考生的字体、考卷表面识别出考生来。为防止作弊，考生完成的考卷还要经过弥封、誊录、对读三道手续后，才交由考官去批改。

所谓"弥封"就是把考卷上的考生姓名遮盖起来；"誊录"，是由专门人员将考生的考卷重新用朱笔抄录一遍，称为"朱卷"，完全将考生的特殊标志去除；"对读"指的是核对"朱卷"与原卷是否一致。最后，参与这三道程序的人员要在试卷上签名，最后才交由考官去批阅。

科举考试的批阅过程也是严密的。乡试设有正、副主考官，他们要在严格保密的特殊地方批阅。先由副考官阅一遍，将自己认为优秀的考卷加上对考卷的批注和意见，推荐给主考官。主考官只看副考官推荐给他的考卷。主考官的权力很大，决定了副考官推荐给他的这些考卷的命运。对那些没有被副考官推荐的考卷，主考官也会大致浏览一下，找出还算优秀，但未被选中的试卷，还要在所有被淘汰的考卷上注明没有被录取的原因。

主考官、副考官是由皇帝任命的，他们是对朝廷负责的，通常由朝廷的翰林及进士出身的官员担任，每三年轮换一次。

应当说，科举考试这一程序是非常严密，而且也是相对公正的。不仅为富家子弟提供了成长与发展的机会，也为平民百姓改变命运提供了公平竞争的机会。只要是读书人，无论贫富，无论贵贱，都有出头之日，就看能不能科举成功。在这一点上，古代的科举制度对人才的成长起到了极大的推动作用。正是因为有了科举取士这样的一条路子，让一些普通人有了出路，改变了一些平民的命运。比如，明代大名鼎鼎的张居正，就是出身寒门，他就是通过科举考试，一步步成为宰相，成为历史上赫赫有名的改革家、文人。

虽然科举考试废除之后，许多人都对这种考试形式进行了攻击，但是，客观地讲，在中国这样的封建社会里，科举考试是最为公正公平的进仕之路。而且，科举考试也并非出不来人才，相反，大量的优秀人才正是通过科举考试被发现，被重用，并且成为社会主流。

自然，科举考试也是残忍的。这不只是因为考试的形式苛刻死板，三年才一次，每次只取数量极少的人，更是因为这种考试几乎是读书人唯一进取的门路。想改变命运，想跻身仕宦，只有这一法，甚至只有三年等一回的机会。有些人因此而终生奋斗努力，直到生命终了也未必成功。

的确，乡试录取的名额是有限的。朝廷规定的数额，通常是每省数十名，京城地区的顺天最多，也只有 160 名。可是，每次参加考试的秀才数量却那么多——每省至少有五六百人，通常都是上千人的队伍。孔尚任参加的这次考试，有 600 余人参加，考取的数量，只有区区十几个人，差不多只有百分之一。如此，三年一次的机会只给了十几人，大多数秀才都是陪考者。若想不放弃这个机会，只有继续苦读苦练，再等三年才可能重新上考场。不仅是乡试、童试、会试、殿试也是如此，一级一级地让人感觉艰难无望。

正因科举考试如此困难，所以，考试过程也就严苛。如果发生科场作弊行为，就会严惩重罚。科举，是众目睽睽下举国关注的大事，更是朝廷选人用人的主要方式，是天大的事情。这一方面显示着朝廷对科举考试的严谨态度；另一方面，也在为读书人呈现出一种公平与正义。只要是刻苦努力，谁都有机会，而不是看谁的关系权力，这一点在绝大多数情况下做到了。

阅卷的过程很漫长，第三场考试结束在八月十八日，可是，放榜时间却是九月初五至十五日间，考生们得等待十七八天的时间才能知道自己的命运。有的秀才便回乡去等，有的则要逗留在济南，等待消息。回乡的人实际上很少有人能够安心做事的，都在焦虑地盼望。而留在济南府的秀才们更是没着没落，心神不宁、焦虑失眠、坐立不安成为秀才们的常态。既盼望着公榜之日，也惧怕着那一刻的到来。

不过，孔尚任这时的心态却平和得很，他自信自己不会落榜。他决定先返回曲阜，等公榜的时候再回来。回去看看父母，看看妻儿。因此，考完试之后，孔尚任便收拾好行李，备马，准备出发了。

八月十八日，寅时，孔尚任简单地吃了点饭，牵出马、驴就上路了。虽说已过中秋，天气却仍然炎热，趁着天还没亮出发也是图个凉快、清静。

与来时不同的是，孔尚任更放松了。不管结果如何，乡试完了，没有压力了，也无须思前想后，结果就在半个月之后知道了。现在他只想着回家见自己家人，吃上一顿家里的饭菜。无论准备得多么精心，究竟是人在外乡，饮食睡眠都不会十分踏实。

此时乡试阅卷的考官们还在紧张地忙碌着。他们最担心出差子，一旦有问题，无论大小，都可能是重罪，有的甚至会被砍头、满门抄斩，这压力也不比考生们小。阅卷是绝对不能大意的。

考官们是在重新抄录的"朱卷"上打分批注的，他们并不知道他们给出的"取"与"不取"的对象的名字。全部阅卷结束以后，他们才有机会打开原卷与手上的朱卷核对，才知道谁被录取了，谁未被录取。这个过程至少要反复两次，以绝误判。

核对过姓名之后，才在大红色的纸张上抄写录取者姓名，这个过程也是非常严谨的，也需要经过反复核对。

为了不漏掉一个有才气的考生，在正榜外，也会有一定数额的"副榜"。所谓"副榜"就是在正榜之外，每五名落选者取一名为副榜。副榜可以入国子监肄业，也可以参加会试，甚至可以做官，但与正榜考中者的待遇有很大不同。

公榜的时候，正是桂花遍地开放之时，因此，乡试公榜也叫"桂榜"，上了榜单的就成了"举人"，又称为"孝廉"，也就获得了进京会试的资格。不参加会试的举人，也已经获得了做官的资格，便可以为官一方。举人若参加会试，却没中的，同样可以做官。

或者说，如果乡试没有通过，也就是没有获得举人的资格，即使年龄再大，也不可能当官。一个人若是终身为秀才，其实是最惨的。上不上，下不下，没名分，没希望。除非像四氏学堂的孔贞灿那样，有了秀才资格，成为附生，就在学堂里当学录，教教启蒙时代的孩子们。但这样的机会并不是每个秀才都有。

第 12 章 榜上无名

回到苗孔村的时候，已经是酉时（下午 5 点到晚上 7 点），红红的落日挂在天边，正在沉沉下落。远远地望去，自家的大宅院安静漂亮。孔尚任有些激动，这么多天一直在外面吃住，见到这所矗立在村中靠西边的房子很亲切。

推开门，就看到在长松亭喝茶深思的父亲孔贞璠。听到门开的声音，孔贞璠抬起头看到孔尚任，父子两个对视片刻，孔贞璠惊喜地叫起来：

"尚任回来了！"

他站起身迎接出来。听到孔贞璠叫声的家人们都从房子里跑出来。

孔贞璠走到孔尚任面前，接过他手中拉着的牲口说：

"累坏了吧？快，先洗洗脸，休息休息。"

说着孔贞璠拉着牲口走到院子中间，从驴背上卸下考篮、行李，再从马背上卸下马鞍。孔尚任直接走向正房，想去拜见母亲，这时秦玉锦从厢房迎接出来。

她微笑着：

"估摸着就这几天你该回来了，没想到是今天。"

听到声音的吕氏也从正房出来了。孔尚任问候：

"母亲身体好吧？"

吕氏点着头：

"好好好。"

孔尚任又问秦玉锦：

"孩子呢？"

还没等秦玉锦回答，吕氏就说：

"又出去疯了，这一点不像你，只要有一会儿安静就好。"

说着，孔衍谱、孔衍志跨进了院子，叫着"爸爸爸爸！"扑了过来。孔尚任抱起最小的孔衍志，拉着较大的孔衍谱，跟着吕氏、妻子走进了正房。这时下人们也都闻讯过来打招呼，帮助孔贞璠搬运随行物品。

没人问孔尚任考得如何，也没人问何时公榜，两个女人最关心的是孔尚任这半个月是如何吃住，如何睡觉的。在她们的心里，孔尚任考中是没有什么悬念的，如果他考不中，还有谁能考中呢？

把活计交给下人后，孔贞璠也来到了屋子里，仍然是嘘寒问暖。孔尚任就笑了：

"你们怎么也不问问，我考得怎么样，是不是顺利？"

吕氏说：

"这个还用问吗？尚鈗都考中两年了，你还不是一样的吗？"

孔尚任笑着摇了摇头：

"那可不一定。他是他，我是我，说不定还有个意外呢。"

吕氏也摇着头说：

"不可能，不可能。怎么可能呢？"

孔尚任洗过脸，然后提议：

"咱们到院子里吃饭吧，凉快。"

"好啊。让他们收拾一下，把饭菜端到亭子里吧。"

天还没有完全黑下来，家人们都聚集在亭子里。孔贞璠拿出一坛好酒，给孔尚任倒上，自己也满上一杯。孩子和女人都倒满了水，一起举起杯子祝贺孔尚任的归来。

孔尚任看到父亲拿出的酒，笑着讲起了刚到济南时在客店里看到的那位神神叨叨打酒的秀才，讲到他迷离的眼神，和他一句接一句背诵经书的情景。

孔贞璠却没有乐，他说：

"科举呀，对许多人来说就是走上仕途的唯一道路。读书人这一辈子，不就是为了仕途吗？可是有的人哪，可能一辈子就耽误在这个求仕的路上了。更何况，他的父辈还当过县令，书香官宦之家。可怜啊。"

吕氏说：

"但愿我们的尚任不要走上这样的路。"

孔贞璠白了一眼吕氏：

"别说晦气的话，尚任怎么可能？"

吕氏笑着说：

"说错了，说错了，高兴的时候不该说这样的话。咱们的尚任一定会考中的。"

第二天，听到孔尚任从济南府回乡消息的孔尚鉝前来拜访，两人说笑着，互相通报了各自情况。

孔尚鉝说：

"明年，我就要去京城参加会试了，要是你和我一起就好了。"

孔尚任说：

"我还得过几年才行，这一次乡试耗尽了我的气力……再说了，还不知道榜上是否有名呢。说这话太早了。"

孔尚鉝却说：

"你学问比我好，肯定没问题，我都过了，你也会中的。我觉得一点问题都没有，就等着喜讯传来吧。"

孔尚任不置可否地笑笑。孔尚鉝说：

"你是不是还要去济南府看榜？过些日子，我也正好要去济南，咱们搭伴去吧。"

孔尚任说：

"好啊，九月十七日是我 30 周岁……"

孔尚鉝直摇头：

"你忘了《周礼》'母在不庆生，父在不留须，叔侄不对饮'的话了吗？再者说'男不做三，女不做四'的规矩也应当是懂得的，就是想过生日，也不能在 30 岁的时候……"

孔尚任笑了：

"看把你急的，不是我要过生日，而是我想给母亲准备个礼物。她老人家生我不易，养我更不易。生我时，她忍痛苦撑；养我日，受苦受难，我想孝敬她一下。"

孔尚鉽恍然道：

"原来是这样啊。好好好，同去同去！"

九月十五日，一大早，孔尚任告别父母家人与孔尚鉽同行。两人各骑一马，边聊着天边赏着秋色，一路去了济南府。

已是深秋，不像一个月前出发时夏末秋初时节。那时还是一派生机勃勃，浓绿繁花，现在像换了副面容。秋虫唧啾，绿野色重，天气不再那么湿热，路上行人也多。

孔尚任说：

"要是乡试在这个季节考多好。秋高气爽，景色宜人，说不定都能考出个好成绩。"

孔尚鉽笑着说：

"这可不行，考试的三个日子都是代代相传的老规矩，也是天朝圣意，是王法大律，雷打不动，哪能说改就改。"

随后，孔尚任就想起了考试路上遇到的那位 64 岁的老秀才，叹口气说：

"多少人挤在这条路上呀，一关一关的。一个月前在这里遇到一位老先生，都是当爷爷做祖宗的年龄了，可是为了这个乡试，还得一个人背着行李，顶着炎炎烈日，走在赶考的路上，从明朝考到清朝，为了什么啊？"

孔尚鉽点头道：

"功名利禄，这也是秀才的天命。读书人，不考举人秀才，又能干什么？手无缚鸡之力，种田受不了那个苦，做买卖又放不下那张脸，可不就得考吗？历代历朝皆然。"

孔尚任突然问：

"你说，要是我们不考试，会是个什么状况？"

孔尚鉉说：

"那还不是个废物！吃老本喝老本，吃喝完了，赔老本……还有，就是去当教书先生、当师爷，反正都是劳累的命了。"

两个人边说边走，时间过得很快，用了不到四个时辰就到济南府了。

这一路，没有考试的烦扰忧心，轻松愉快。到了济南，两个人先跑去贡院看榜，那里偶尔有三三两两的人走过，榜还没有公布。贡院门口站着守卫，那里还是一派严阵。两个人牵着马走上前，孔尚任问：

"什么时候才公榜？"

守门人答：

"不知道。听说卷子已经阅完了，可能就这几天吧。"

谢过了守门人，两个人牵着马沿着大明湖向前走。孔尚鉉说：

"看来咱们得找个地方住下了。"

孔尚任说：

"那我们就住我住过的那家客店吧。那家的饭食不错，老板也不错。"

孔尚鉉点头：

"老地方。沽上一斤酒，切上一些肉，先歇歇脚再办事。"

恰好是午饭时间，两个人来到客店。店家还认识孔尚任，笑着说：

"知道您还得住这里，您的那个房间还留着呢。"

孔尚任拱拱手：

"多谢多谢！给我们这个兄弟也安排一间房，再弄些吃的。"

"好嘞！就挨着您的那间吧，你们互相说个话也方便。"

吃过饭，两个人又休息了一会儿。随后，分头行动。孔尚铉去济南府衙门取会试文书，拜会乡试时认识的几位济南朋友。孔尚任去给母亲买礼物。

孔尚任在泉城的市场上走了许久也没有找到心仪之物，突然想到，母亲已经多年没有做过新衣服了，给她买些绸缎布匹，或许更好。于是，便朝绸缎庄、布匹店走去。

济南不愧是省府之所，店铺林立，人来人往，车水马龙，热闹非凡。孔尚任就近走入一家布店。

伙计很热情，并不急于给他推荐布匹，而是请孔尚任坐在店铺里，给他泡上一壶茶，问了孔尚任母亲的年龄、身高、胖瘦，然后才推荐。伙计很会做生意，想得也周到，给老太太选完衣料，又问：

"不给太太、孩子们也顺便选一些？"

这倒是提醒了孔尚任，他想，既然给母亲买了面料，也给其他人一起买吧。先是想到给父亲做身衣服，而后是妻子、孩子。等全部选完了，他一看，一大卷儿。店老板这时堆着笑说：

"您不用费心，一会儿，我们给您送过去。"

走出买卖街，天已经黑了，他想回店里等一下孔尚铉，一起到街上吃晚饭。不过，等了许久也不见孔尚铉回来，他便在客店里要了一碗面条，边吃边等。等到夜里很晚了，孔尚铉才满身酒气地来敲门。他手里拎着吃的，给孔尚任递上来。孔尚任说：

"喝了不少吧？"

孔尚铉红着脸说：

"老朋友了，见面怎么也得喝上两口，一喝就喝得有点多。"

孔尚任说：

"快回屋里休息吧。事情都办妥了吧？"

孔尚鉽答：

"妥了，妥了，都办妥了。"说着转身回自己的房间去了。

没看到榜单还是有些牵挂，睡不踏实。第二天一大早，孔尚任就起床了，洗漱完毕，走出店门，又去大明湖畔漫步。回到客店时，店家说：

"听说今天就要放榜了？"

孔尚任问：

"还不知道，您这是听谁说的？"

店家说：

"贡院的几位老爷每天都到我们店里来吃早饭，我顺嘴问了一下，他们说，榜单已经抄好了，就在今天张贴。"

榜单是在贡院的状元墙上张贴的。上午孔尚鉽陪着孔尚任一起来的。孔尚鉽对这个地方很熟悉。三年前，他也是在这里焦急地等待，喜出望外地看见自己名字的。就那一次他鲤鱼跳龙门，成了举人，那个幸福的时候让他终生难忘。这一次看榜虽不是为自己，但也还是有点小小的激动。

他们来到贡院外时，那里已经密密麻麻地聚集了几百人。熙熙攘攘，翘首以盼。当贡院的大门打开，拿着纸卷的考官们走出来时，看榜的人们都把目光转向了他们。一会儿工夫，两张大红纸就贴在了墙上，共计有 18 名正榜名单，还有 10 位副榜名单。

两个人伸着脖子向里看，人太多了，他们看不清。孔尚任看了半天，没有自己的名字，孔尚鉽也在人群外，踮着脚向墙上看，看了一遍，也没有看到"孔尚任"。他有些不相信，就向前凑了凑，仔细地看，还是没有。这让他心里"咯噔"一下子。再看副榜，也没有。孔尚钰有些焦急，凑上前去，问张榜的人：

"还有没有？"

张榜人反问：

"还有没有什么？"

孔尚钰小心地问：

"还有没有落下的？怎么没有孔尚任的名字？"

张榜的人笑了：

"孔尚任是谁？为什么榜上要有他的名字？"

孔尚钰不好意思地说：

"我觉得应该有他的。"

"应该有的人多着呢。可是，名单就是这么个名单，要是你对这个名单有疑问，可以到衙门告呀。"

站在人群外的孔尚任十分泄气，这个结果他是没有想到的。孔尚钰来到他身边，安慰说：

"他们不识货，你那么棒，怎么可能没上榜呢？或许他们弄错了呢。"

孔尚任说：

"没关系，考试都会有失手的。"

孔尚钰说：

"对，不行咱们三年以后再战，就不信都不识货。"

落榜了，两个人的情绪都低落下来。尤其是孔尚钰，他比孔尚任还沮丧，一言不发地回到店里。店家看到两个人情绪不高，就猜到了结果，便没有问。

两个人收拾好东西，牵出牲口，决定不再耽搁时间了。

一路无话。

回到曲阜后，两个人就分手，各回各家。孔尚任牵着马，路上遇到邻里也不答话，直接回到了宅院。

第 13 章　孤云草堂

孔贞璠与吕氏商量：

"咱们卖一部分地，再募集一部分资，给尚任捐一个监生吧。"

吕氏忧心地说：

"这个我是没有意见的。可是他会愿意吗？他这样的性子，怕是说出去也不好听。"

"我是觉得，有个监生资格比没有的好，只要有个机会也是可以进国子监的。尚任已经30多岁了，得有个身份了。"

吕氏说：

"得问问他的意思，如果他愿意，捐就捐一个。"

科举落榜，孔尚任自然是情绪低落的。他在长松亭里摆了一盘棋，似下似不下地两眼呆呆地望着棋盘。

孔贞璠悄悄地走进亭子，坐在孔尚任对面，他才发现，连忙站起：

"父亲！"

孔贞璠摆摆手示意孔尚任坐下：

"一个人整天闷坐着，会憋坏的，出去走走吧。这仅是第一次嘛，一次是不能决定命运的，还得准备更长时间的考验。"

孔尚任苦笑道：

"也并不全是因为落榜的事。"

"那还能有什么？"

"我是徒有大志，却无真学啊。如果有一天，机会真的摆在我面前，我怀疑能不能担下来。"

孔贞璠不满地看了孔尚任一眼：

"这个不用怀疑，你的蒙学是我给你打下的基础，你的基础我清楚得很。四氏学堂是孔氏家族传了几辈子的学校，你在那里也是拔尖的，学问是没有任何问题的。我不相信你是因为没有才学落榜的，一定是对这种考试不适应，还没有发挥好。"

孔尚任轻轻地叹息：

"《论语》是我所熟悉的，'为政篇'更是思索得久，对题目中那句'子曰：道之以政，齐之以刑，民免而无耻。道之以德，齐之以礼，有耻且格。'也是多有想法，自觉那篇文章发挥得很不错，却没能得到赏识。恐怕还是学问没有做扎实，惭愧惭愧呀。"

孔贞璠分析说：

"我看，你可能正是因为平素思考得多，自己的想法充分，谈自己的认识就多。可这是八股文的大忌呀。这类文章是基本不能有自己的看法的，有的只能是对原文的解释与扩充，要是发挥得多了，就要吃亏的，这是八股文的规矩。"

孔尚任恍然大悟：

"噢，原来如此！多日来，我一直想不明白的问题您一下就说清楚了：我正是发挥得太多，自己的想法太多，而背离了八股文的本义。我的错，我的错。"

孔贞璠说：

"三年之后再考，就要小心了。我看，问题是不大的。"

孔尚任却又情绪低落下来：

"要是三年后还是不中，可怎么办？今年是这个问题，下次可能是其他的问题，科举考场意外太多了。"

孔贞璠鼓励道：

"要是还不中，就继续考嘛。有人不是考到了 80 岁都没有考中秀才吗？考举人考到老的也有的是……"

孔尚任苦笑：

"那不就成了老秀才了？我可不愿意这样。"

孔贞璠说：

"我跟你母亲商量，想给你捐个监生，你一边考举人，一边有个监生的身份，如果一旦有机会，监生也是可以的。"

孔尚任有些意想不到。

孔贞璠接着说：

"虽然监生有点弱，可是，总比没有强。如果一旦有了机会，你现在的这个秀才还是差点的，可是监生就不同啊。"

这时，一起在石门书院读书的孔尚倬、孔尚恪推门进来了，跟孔贞璠打过招呼。孔尚倬对孔尚任说：

"尚任，咱们也不能总闷头读书，出去散散心吧。"

孔尚任兴致不高：

"这周围都走遍了，还有什么值得看的？"

一边的孔尚恪提议说：

"去石门山吧，又凉快，风景又好。"

孔尚倬也附和：

"对呀，我们在那里的大宅子，也有一段时间没有去了，或许都长满了草，也或许被山里的什么动物给占了呢。"

孔尚任依然兴致不高：

"你们去吧，我不想动。"

孔贞璠站起身来，劝道：

"去吧，出去散散心，呼吸些新鲜空气，放松一下。"

孔尚倬知道孔尚任被考试弄得没有心境，就更想拉着他一起出去散心。他对孔尚恪使个眼色，两人一边一个拉起孔尚任的胳膊说：

"走吧，走吧，咱们到石门山去走走，或许会有另一番风景呢。咱们选个地方，弄几个小菜，喝上几杯。赏景作诗，不亦乐乎？"三个人就这样走出来。

石门山位于曲阜东北方，因为有两座山峰对立，像两扇门扉，因此取名为"石门山"。此山不高，海拔400余米，山峰秀丽，风光旖旎，林茂草丰，溪流潺潺。石门山与许多名人有关，不仅是孔子研习《易经》的地方、子路住过的地方，大诗人李白、杜甫也在此居住过。

已是九月天了，虽然道路两旁的树木依然郁郁葱葱，却也有了秋虫的鸣叫，预示着一个季节即将走到尽头。

他们沿着缓缓的土坡一路走着。溪水潺潺，凉风习习，顿感舒畅。孔尚任这时也似乎提起了精神，他说：

"石门山已经来过不知多少次，可是每次都是走不到一半就返回，这回，咱们要走得远一些高一些。"

孔尚倬见孔尚任心情好起来，很高兴：

"我说出来走走就对了吧？看看风景，听听流水。我们也在这里吸纳一些先人之运气，天地之灵气，神来之仙气。定有好运、大运。"

孔尚恪笑着说：

"要是得着尚倬这'三气'那就是诸事顺遂。"

孔尚任也附和着说：

"尚倬说的这'三气'我看是有的，要不为什么老子会选在石门山讲课，孔子怎么会选择石门山研习《周易》呢？那是有道理的。"

孔尚倬说：

"至少石门山的风景在咱们这一带是突出的，不显山不露水，却又是好山好水，神迹处处，神奇无二。"

孔尚恪也说：

"石门山虽不及尼山那样因圣人光芒四射，也不及泰山雄壮奇险，只是一座小山小丘，却也处处显现着与众不同。（唐）刘禹锡不是说吗？'山不在高，有仙则名。水不在深，有龙则灵。'石门山有石门山的灵秀。"

孔尚任说：

"你们这么一说，我倒是想，既然有了尼山，有了泰山，为什么还有那么多的圣人大儒到咱们这个不大不小的石门山来？老子、孔子、子路这些圣人，还有大诗人张叔明、李白、杜甫都来此山，要么云游逗留，要么就是隐居出世，这不能不说石门山有神异之处。"

孔尚恪补充说：

"还有和尚选这里避世，建寺庙。我提议，咱们今天就沿着这些圣人大儒们的遗踪走走。"

三个人欣然向山上走去。走了不久，孔尚倬就指着前方一处茅草房子说：

"到了，李白、杜甫离别之处。"

孔尚任用手遮挡着光线，看着当年李杜畅游之地叹道：

"当年，李白与杜甫分别之游也是在这个季节，也是在这样的天气。他们选在这个地方，饮酒唱和，情深意切。"

孔尚倬说：

"还记得那首《鲁郡东石门送杜二甫》：醉别复几日，登临遍池台。何时石门路，重有金樽开。秋波落泗水，海色明徂徕。飞蓬各自远，且尽手中杯。"

孔尚恪接过孔尚倬的话说：

"还有杜甫回赠的那首：秋来相顾尚飘蓬，未就丹砂愧葛洪。痛饮狂歌空度日，飞扬跋扈为谁雄。"

孔尚任赞叹：

"古人洒脱，重情意，令我辈敬仰。"

继续向前走，他们终于来到了一座平台之上，站在那里，秋风吹来，神情顿清。孔尚倬赞叹道：

"要是在这里建一所房子，摆上一张桌子，边赏景边作诗，边和朋友对弈……"

孔尚恪笑着插话：

"边看着雾蒙蒙的山峦，边做着春秋大梦，神仙也！"

两个人哈哈大笑。孔尚任却认真地点着头：

"你们两位说得太对了！这个地方乃天赐之所，要是真建起几间房子，哪怕就是几间茅草房也好啊。隐入山中，回避尘世，这是个绝佳之地。"

孔尚恪疑惑地望着孔尚任：

"你不是真想这样吧？我们可是随便说着玩的，你还认真了？"

孔尚任望着远处浓密的山林，沉浸其中：

"这里，可以看到石门山的大部分地方，下边就是溪水，可以取水。前面还有一块不小的平地，可以种上些粮食、蔬菜。那边还有野果、野菜，也可以食用。好，好，是个好地方！"

孔尚倬见孔尚任这么说，也说：

"这里的地不值多少钱，到官府交些钱，办个地契手续，是可以买下来的。不过，要想在此处修房，可是不容易。想把材料运送上来，得费很多力气。"

孔尚任说：

"大部分都可以就地取材，山上有这么多树，随处都有石头，各种样子的，只要雇些劳力，我看也难不了哪去。"

孔尚恪同意：

"你要是这么说，我看确实也费不了多大的劲儿。要想在这里住，也不要建多么多的房子，就是三间茅草屋，想躲清静了就住上一段时间，想回去了就下山，不需要太多的家具，就在这里砍木做些足够了。"

孔尚任兴奋地看着周围的环境，确实动了心思。

在山里转了良久，边说话，边赏景，兴致勃勃。

孔尚恪提议：

"走了这么长时间的路，咱们找个地方休息一下，弄点吃的，喝上两杯？"

孔尚任说：

"是啊，都有些饿了，也有些疲倦了。走走走，到山下的小酒馆去，沽些酒，小酌几杯去。"

孔尚倬摇头：

"那又何必！我不是说了吗，到我的大宅去，那多舒服。那里还有个仆人时常来照看一下，他如果不在，我们自己弄点吃的喝的，多自由。你们要是实在累了，也可以倒下就睡，要是想在这里过夜，随便，有的是房子。"

孔尚恪恍然道：

"是呀！咱们怎么把尚倬这里的大宅子给忽略了？走走走，就去尚倬的山间大宅去痛饮几杯。"

孔尚任也笑了：

"就想着在这里建房子了，却忘了这里还有这么好的去处。"

三个人说笑着向山下孔尚倬的别墅走。下了几个陡坡，过了几条溪流之后，他们来到了被一片树林包围着的孔尚倬的别墅。

院子里并没有像孔尚倬担心的那样杂草丛生，相反，这里干干净净，清清爽爽。甚至院子里还有几只鹅，空地上还种着一些蔬菜。院子里的杏树、苹果树、梨树上都结满了果实，葡萄架子上郁郁葱葱挂着亮闪闪的葡萄，一派生气勃勃。

听到院外的声响，一位壮汉从院子的深处快步走来，边走边惊喜地说：

"少爷来了?! 真是想不到啊。"

孔尚倬笑着说：

"胡叔，你在呀，我还怕你不在，我们只能自己动手做吃的呢。"

胡叔笑呵呵地打开了院门：

"少爷，我每天都过来。这不是秋天了吗，这里的瓜果梨桃都熟了，也该摘一摘了，不然都要烂在这里了。"

几个人走进来。孔尚任和孔尚恪都高兴地欣赏着，孔尚恪大赞：

"真是个好宅子！有吃的有喝的，郁郁葱葱，景色宜人，活色生香，我都想常住在这里了。"

孔尚倬笑着说：

"你要是想，随时都可以过来住呀，那样，我们还多了一个劳力呢。"

孔尚恪也笑着说：

"可不敢！还得念书，考取功名呢。住在这里就会忘了其他，这可是个消磨意志的'温柔乡'。"

孔尚任却说：

"什么功名利禄呀，脱去凡尘俗世，这就是神仙的生活呀。"

孔尚倬对跟在一旁的仆人说：

"胡叔，我们今天要在这里一醉方休，有没有什么好吃的好喝的？"

胡叔痛快地说：

"有有有。少爷，有大鹅呀，我给你们炖上一锅大鹅。正好，我今天在河边钓了几条鱼，还有很多青菜什么的，只要你们不嫌我的手艺差就行。"

孔尚倬说：

"不嫌不嫌，我可知道您是做菜的高手，我们先聊着天，等你做。"

孔尚任兴致勃勃地说：

"咱们一起加入吧，我们也帮着胡叔干些活，四个人做一顿饭不是更容易吗？"

胡叔连忙说：

"使不得，使不得！几位少爷就坐在这里等着，老奴一个人就行了。"

孔尚恪附和着说：

"我们闲着也是闲着，一起干吧。"

孔尚倬阻止说：

"咱们就别给胡叔添乱了，咱们平时都是吃现成的、喝现成的，谁会做饭？咱们一加入还不乱了胡叔阵脚？就让胡叔一个人做吧。你们不是说累了吗，还是歇一歇吧。"

孔尚任和孔尚恪互相望了望，觉得有道理。孔尚任说：

"是啊，谁在家里不是甩手大爷，那就算了吧。"

孔尚倬问：

"胡叔有好茶吗？先给我们泡上一壶茶，我们可是渴坏了。"

胡叔为难地说：

"哎呀，茶是有，就是不太好了，都是前一阵子从山下带上来的，有些旧了。"

孔尚倬说：

"有什么就喝什么吧，先泡上一壶。"

胡叔答应道：

"好的，少爷，你们稍等一会儿。"

一会儿的工夫，厢房的灶间就传来了炒菜做饭的声音，菜香也飘散出来。

孔尚倬和孔尚任、孔尚恪三人从屋内抬出一张八仙桌摆在葡萄架下。一会儿的工夫，胡叔泡好了茶水，还端上刚摘下来的水果，摆在桌上。他们边等着饭食边聊起来。

孔尚任似乎对这里有些迷恋，他说：

"我要是有这么个地方，哪都不去了。"

孔尚恪警告孔尚任：

"到山上玩一玩可以，要是整日在山上住可不是好玩的。咱们这些人又不是出世者，在城里待久了都寂寞，待在山里，一个人，过了新鲜劲就受不了了。要是我，待上两三天都算长的。你可得想好，要是盖好了房子却不来住，还不如不盖呢。"

孔尚倬也劝道：

"尚恪说得对，你不是也看到了吗，我们的宅子盖在山下道路也方便的地方，都住了没多少日子。要不是胡叔经常来照顾一下，说不定早就荒废了呢。更何况，你要在那么高的地方住，不方便啊，我看算了吧。你要想住，这个大宅子你愿意住多久就住多久，也不用你管，让老胡像现在这样，每天跑上点路，到这里收拾一下，也挺好的。犯不着花钱买地，再费劲去盖。"

孔尚任淡淡地一笑。这时，胡叔端着炒好的青菜来了，他堆着笑脸：

"三位少爷，你们先吃着，鹅还得炖一会儿，鱼也做好了，这就上来。"

孔尚倬招呼着大家：

"来来来，都饿坏了，先吃点，垫垫。"

大家纷纷拿起筷子，品尝起胡叔的手艺，赞不绝口。几个人边吃边聊，一会儿就到了晚上。三个年轻人都喝了不少的酒。

他们饮酒赏景，孔尚倬还从屋里拿出一架琴来，把琴摆在孔尚任面前，请他轻抚一曲，孔尚任欣然弄琴。一曲罢了，孔尚任饮下一杯酒，又另倒上一杯，洒在地上，对两位兄弟说：

"他日负此山者，有如此酒。"

两位兄弟竖起大拇指赞叹：

"好好好！不负此山，不负此景！"

孔尚任提醒大家：

"时候不早了，该回去了。"

孔尚恪醉意蒙眬地说：

"这么远的路，我是不想走了。"

孔尚倬劝说：

"咱们今天晚上就在这里住下吧，反正有的是房间，也不少你们铺盖。"

孔尚恪对孔尚任说：

"你还说在这里隐居呢，一个晚上都待不了吧？"

孔尚倬也说：

"对呀，你可以先在这里住上一晚上，看看夜晚是不是也像白天一样让你心仪？"

孔尚任点头道：

"好！就在这夜宿一晚。"

这一夜，孔尚任体会到了从来没有过的宁静。无牵无挂，望着石门山的澄明深邃的夜空，被它的美迷住了。夜空如洗，有如仙境，他几乎一夜未眠，在夜下的石门山里望星空，做美梦。

下山之后，孔尚任思如泉涌，写了一篇《游石门山记》，其中记述："石门山一拳石，具五岳之威仪，令游者目不给景，足不给目。直作五岳观，斯奇幻无伦矣。"

不久，孔尚恪突然病倒了。

孔尚倬和孔尚任去看他。那时，孔尚恪面色灰黑，少气无力。见两个好友来探望想坐起来，被两个人制止了。

孔尚恪拉着两个兄弟的手叹息：

"人生苦短哪。我们兄弟才分别了几天哪，我就这个样子了，怕是久不了喽。"

孔尚倬嗔怪道：

"瞎说！哪有的事儿！不就是个小病吗，养一阵子就好了。"

孔尚任也说：

"你身体比我们都强，很快就会好的。你身体好了，我们还去石门山，还夜宿那里，看星星看月亮，吟诗弹琴，一起纵情快活。"

孔尚恪咳嗽着摆手：

"……我恐怕是不能跟你们兄弟两个同乐了……"

孔尚倬打断他的话：

"净胡说！你怎么可能不同行呢，你若是不同行，我们还去那里有什么意思？"

从孔尚恪家出来，两个人心情都不好。他们从家人那里得知，孔尚恪的确病得很重，请了多位名医，都摇头叹息，说是没有多少日子了。

不久，孔尚恪病逝。孔尚任悲伤不已。不过，他对于石门山的向往却没有因孔尚恪的离世而减少。

回家之后，孔尚任与父母商量：

"我想找个清净点的地方静心读书、写作。"

孔贞璠说：

"是，咱们这个大宅虽然有的是房子，每天却都是人来人往的，有些吵闹，有个僻静之处安心地读书，也不错。"

吕氏接过来说：

"咱们在小湖村的老宅子，已经闲了很长时间，除了养了些牲畜外，荒废了很久，我明天就找人收拾出来……"

孔尚任有些吞吞吐吐地说：

"……我是想，在石门山里买一块地方，盖几间草房，人迹罕至……"

孔贞璠已经明白了孔尚任的意思：

"你是想隐居于山中？"

"是，儿子不孝。我在家里也做不了什么，心不静，人总是浮躁。在山里清静处，或许还能静下来，或许能有个好的结果。"

吕氏心疼地说：

"谁照顾你？山里可不同于家里，很不方便……"

孔贞璠打断了吕氏：

"我看，尚任这个想法行！封山育林，潜心读书，不为红尘所扰，一定会做出大学问。"

孔尚任没想到父亲这么开明：

"儿子不孝……"

孔贞璠说：

"这是正路，读书、写作是要有个安静之处的。山里景色又好，没有事情打扰，专心，我看是个好主意。"

吕氏是顺从丈夫的：

"也好，玉锦和孩子我们来照顾着，你就去安心读书，早一日考取功名，也算是还了一个愿。"

孔贞璠问：

"你有目标了吗？"

孔尚任说：

"我在半山处选了一块不大的平台，想跟地主去谈。那个地方被山脉环抱着，旁边有溪水，不远处还有块很大的荒地，修整一下就可以种些粮食、蔬菜，也还算方便。"

"你看中的地方一定错不了，等地买下来，我们也去看看。"

孔尚任很快就与人谈好了石门山那块地的买卖事项。孔尚偉知道后很不同意，劝孔尚任：

"你不应当这样草率，石门山虽然有很多名流隐士在此居住逗留过，可我一直觉得是不吉利的。"

孔尚任问：

"这话从何而来？"

孔尚偉反问：

"尚恪从山上下来不就病了吗，还送了命，这就是不吉利啊。"

孔尚任说：

"这只是巧合嘛。不去石门山，或许在别的地方回来也会病的，从哪来哪里就不吉利？这也太牵强了。"

孔尚倬言之凿凿地说：

"不止于此！你没见山里有块'堕泪碑'吗？那是大不吉利的！你知道，我们为什么盖好了房子却没在那里住？也是考虑到在那里生活还是有问题的。我们现在很后悔，想把那个宅子卖掉算了。你呀，可要想好了，那确实是个不吉利的地方。"

孔尚任却有自己的主意，只是淡淡一笑，说了句：

"绝石门，是绝敬思（尚恪）矣。"

过了不久，孔尚任办好了地契，签订《买山券》。按照自己的想法，在那块选好的半山坡上盖起了三间草房，取名"孤云草堂"。

从此以后，这里便成为孔尚任隐居与生活之所。虽然后来受召回到世俗世界，却在被罢官之后，仍旧回到这里，直至去世。这里给了他的心灵极大抚慰。

初至石门山，孔尚任非常享受这里的花草山野之气。他喜欢这里的安静与丰盛的草木，他担心有人会到这座山上来打柴割草，便写了篇有意思的《樵约》：

> 草木者，山之须眉。凡丈夫皆有须眉，惟童无之，故山无草木曰童山。童者，需时之谓也。需之而终无所表见，乃不得已目之。若受父老爱惜，幸已列成人，而强暴者无端损其须眉，是加以坤擘之刑矣。加非其罪，能已于白简之争乎？今与樵人约：凡石门山寸草尺木，皆吾乡威仪容止，奔

走天下之人士者也。有此伟丈夫，亭亭正立，为一方表异，亦可谓无负人家国矣。遇之不加礼，犹愧肉眼，何至杀辱之甚哉？或谓"伐木丁丁"已见于子美之诗，鲁人与此山敌也，非一朝一夕之故已。然当时犹偶一及之，故春山借斧声而更幽。若旦旦而伐，剥啄盈耳，吾恐张叔明移居避地，子美且不胜濯濯之感矣！约后，钓于渊，弋于林，耕于田亩，任子之往，而斧斤慎勿加于岩穴。约后，托可冠、荔可裳、黄精可掘，任子之来，而萌蘖断不可触。严一面以解三纲，亦恕之甚矣。岂鲁国不待子以举火，遂至爨庣廖而薪桂乎？借曰樵人，木石居，鹿豕游，亦复奚知，而岂无隐君子如当年晨门？若君而人者，彼既洁身自爱，谅不忍燎人须眉以为肥遁之资，驰将斯语，遍示同志，尚闻之而犹弁髦焉，我山中一局棋，顷刻烂子之柯矣。

这篇《樵约》就立在离他的住处不远的行人必经的山崖上。从这篇《樵约》即可看出孔尚任对山林草木的爱惜与珍视。有戏谑，也有威吓，还有劝解：你们谁都别到石门山上打柴，这是一座神山福山，不要惊动它的安静与自然生长。孔尚任的确将石门山当作了他的心灵归地，精神家园。

居住在这样的环境之下，忘掉俗世凡间，也暂时放弃了功名利禄，家国大义。他专情于读书写作，抚琴吟诗，心境大好。从他的几首怡情之作就可以看出此时孔尚任的惬意与悠然。

写于1685年的《食枣》：

孔尚任石门山隐居草房

秋枣离离熟，倾筐见野情。得知山果味，不解市儿声。

草舍初霜落，荒园久雨晴。收藏忙老妇，几日到神京！

不过，在山里居住也有不便之处，如遇大雨山洪等自然灾害就很麻烦。1683 年孔尚任在《癸亥闰六月十日，大水敝宅，漂没一空，移住祖庙，凡五月始归，赋此志感二首》写道：

其一

敝宅全为沼，隄防夜雨时。飘摇存故垒，梦寐怯危枝。

稚子贪梨栗，山妻索布丝。田畴无一粒，又复失耕期。

其二

濒死风波后，余生毁誉增。名山家未就，积雨病相仍。

礼乐酬宗祖，饥寒恋友朋。故巢无可托，流泪选孤藤。

中秋节的时候，好友颜光敏（颜修来）到石门山与孔尚任一起赏月吟诗，他兴奋地写了一首《中秋独坐，喜颜修来考功同诸乡亲枉顾，读余新作》（1685 年中秋节）："缓步长吁节又过，扫除闲院奈秋何。寻谁看月愁霜重，自去摊衾惹梦多。"

颜光敏是举人，已经是清朝礼部主事。这让孔尚任多少有些感慨。自己久试不举，可好友却在朝为官。这首诗表达了孔尚任不得志、不得意的心境。他身在山中"隐居"，心却向往着仕宦之途。

虽然隐居于山中，自由呼吸着山间淳朴之气，日日抚弄琴棋书画，游山玩水，观不尽的风景，思不竭的诗情，却也不能完全了却对未来的茫然。特别是一生读书求学却不能走上仕宦之路。

山中生活清静、空落而孤独，在《瓶花》（1686 年）一诗中，他写道："度尽残春始见花，一枝两朵照屏斜。不堪憔悴来尘世，尚有精神傍冷衙。凉雨晚风香未解，灯昏酒散兴全差。年年开落寻常事，只是逢君倍忆家。"一个人，深居简出，孤影独立，虽然在外人看来自由而潇洒，哪知身在此中的滋味。人是具有社会属性的动物，需要与他人交流，更需要被认可。可是，独居山中实际上是自己把自己孤立拘禁于此，荒芜感油然而生。

所以，孔尚任在石门山中的隐居生活是苦的、寂寞的，他需要走出家门，哪怕在自然的怀抱中漫步透气呼吸也是必要的。于是，他走到幽静的院子，向山中踱去。不料，他看到的却是另一种荒芜。《经废村》记述："此地楼台几劫灰？残阳满巷久徘徊。高低石院留僧住，昏晓柴门放燕来。大树正当行处长，荒丘多是战时埋。凄凉废井寻遗老，旧本蔷薇自谢开。"

荒芜如此，何其相似乃尔。

《买菊》："几度山堂梦，黄花买数茎。秋深方病起，节近正天晴。未放聊成赏，初栽不辩名。朝稀公事少，采摘慰幽情。"（1690 年）

第 14 章　两难困境

孔尚任生活的时代（1648—1718），大多数读书人都处于艰难的抉择与困惑时期，特别是不得志者，有着对明朝的强烈怀念与眷恋之情，充满了亡国之痛。祖父辈、父辈都是明朝的子民官员，面对一个新的，尤其是北方少数民族政权的统治，是服膺还是对抗？是从民族大义出发拒绝清朝的统治，还是随遇而安承受新政权的辖制？

当初许多有气节的文人武士采取的都是"反清复明"的态度，试图通过反抗与对立，恢复大明王朝的荣光，而将清朝这些关外异族驱逐出去。明代大将史可法拥兵拒清，郑成功据守东南沿海与清朝对峙，一些明朝遗贵都拒绝清朝官位。孔尚任的父辈们在起初基本都属于不合作者，都把希望寄托在明朝的复国，但是，这个愿望已然是不可能实现的了。清朝建国后，迅速采取了有效统治手段，不仅收买官心民意，而且采取了积极有效的政治、经济和文化措施，巩固了统治。清朝很快进入经济繁荣、人民安居、边疆稳定的良好状态。

对于孔尚任来说，倘若他顺利考取功名，在朝为官，恐怕也就很难写出《桃花扇》这样的"兴亡"大作。正是因为孔尚任仕途不顺，郁郁寡欢，加上父辈影响，才有了这部传世之作。因为自身的不顺，再加上环境的推动才使他有了"借离合之情，写兴亡之感"想法。

孔尚任在石门山隐居4年中，写出了《石门山集》三卷，《节序同风录》12卷，《会心录》4卷，并酝酿着创作戏剧《桃花扇》，写出了有关侯方域、李香君悲欢离合故事的概貌，以此表达他对明朝灭亡的思考。他的文学才华在其隐居的4年中得到了充分发挥，也奠定了孔尚任作为一代戏剧大家的基础。

孔尚任究竟还是个没有脱离凡胎欲求的世俗之人，他在《游石门山记》中苦闷地写道："地僻，贤豪不至，则赏识难。"作为一个读书人，他自然渴望得到赏识任用，让自己成为一个有用之人，有施展才华的舞台。可是，历史的机缘巧合却让他成为大明王朝的亡国之子，虽然身处大清王朝的门槛之内，却与门槛之外的大明王朝无法割舍。门里门外，孔尚任被挤压得无所适从。这是他困惑与迷茫的心理现实。

问题是当他决定放弃与清政权的对抗，而渴望被清朝政府赏识与大清政权融合在一起时，他却没有机会。多年苦读，一朝成功的可能就是在科举考场上，孔尚任却连连失利，求取功名之心被一再扼杀。这是推动他自我怀疑的心理现实。

其实，孔尚任所谓"隐居石门山"是无奈之举，如果能够进入热闹的官场与复杂的人事关系之中，他何时真想"隐居"？一个充满活力与才华的青年怎么可能甘心"隐居"？

所以，当小他9岁，却被清政权委以67代"衍圣公"盛誉的孔毓圻（1657—1723）邀孔尚任为其夫人治办丧事的时候，孔尚任毫不犹豫地应允并一下从"隐居"的石门山中走了出来。我们甚至可以想象，得到他人的认可对于孔尚任来说，是如此迫不及待，如此按捺不住。渴求被认可与被使用，是他此时最为真实的想法。哪怕只是被孔子家族认可，对于孔尚任来说都是宝贵的、难得的。

这里有个问题，就是孔尚任生于 1648 年，而孔毓圻生于 1657 年，比孔尚任小 9 岁，且孔尚任是孔子第 64 代孙，而孔毓圻是孔子的第 67 代孙，怎么会是孔毓圻"赏识"孔尚任呢？这都是因为孔毓圻是"衍圣公"。

衍圣公，是个极为尊贵的世袭封号，是历代政权专为孔子的嫡长子孙设置的国家级荣耀。这个封号始于 1055 年（宋至和二年），历经宋、金、元、明、清、民国，直至 1935 年（民国二十四年），国民政府改封衍圣公孔德成为大成至圣先师奉祀官为止。

册封孔子后裔的行为始于公元前 195 年（汉高祖十二年）。那一年，汉高祖刘邦到山东曲阜祭祀孔子，封孔子的第 8 代孙孔腾为奉祀君，从此孔子嫡系长孙便有了世袭爵位。之后的千年时间里，封号屡经变化，直至 1055 年改封为衍圣公，曾一度改为奉圣公，后又改回衍圣公，后世从此一直沿袭封号。

明朝被推翻后，清朝政府依然对孔子后代尊崇，特别是 1644 年（清顺治元年）清朝正式公布延续明朝对"衍圣公"全部特权，任命孔子后代孔衍植为第 64 代衍圣公加太子太傅，并且规定在觐见皇帝时，衍圣公列为内阁大臣之首，享有至高地位。

可见，"衍圣公"并非一个简单的荣誉称号，而是与荣誉、官位、特权有着密切关系的特殊职位。到了清乾隆年间，孔家的这种特权达到顶峰，乾隆帝多次到曲阜参拜，亲笔御书"与天地参""时中立

第 14 章　两难困境

139

极""化成悠久"等匾额,重建棂星门。孔家因此更上一层,其尊贵地位达到鼎盛。

1935 年,国民政府取消"衍圣公"称号,改封孔子后人为大成至圣先师奉祀官。孔子第 77 代孙,袭封 31 代衍圣公孔德成,成为末代衍圣公,首任大成至圣先师奉祀官。

"衍圣公"虽是专门给孔子后代的封号,却享有封建大贵族的特权。宋代"衍圣公"相当于八品官,元代提升为三品,明初更进一步升为一品文官,后又"班列文官之首",清代还特许衍圣公在紫禁城骑马,在御道上行走。其住的衍圣公府(今孔府),是全国仅次于明清皇宫的最大府第。曲阜孔氏家族受历代帝王追封赐礼,谱系井然,世受封爵。

那么,为什么孔尚任没有被授予"衍圣公"呢?这是因为孔尚任之父与他本人都不是"嫡"孙,他是父亲孔贞璠第二任妻子吕氏的儿子,父亲的第一个妻子李氏病逝后,娶了吕氏为妻,在孔尚任之前还有两个同父异母的哥哥,所以,不可能轮到孔尚任。

有了这样的家族背景,孔尚任一方面要延续孔家"天下第一家"的文脉,传承儒家精神与文化;另一方面,作为现实中的人,他又要秉承作为国家公民的操守,要有气节,要有民族大义。一边是大明汉王朝的衰落与完结,另一边是清朝满族政权的更迭与统治,该选哪边?

孔尚任当然希望明朝香火不断,可现实是腐败无能的明末统治者们已经无力回天,虽然在南方苦苦死撑,却看不到任何希望。在这种情况下,孔尚任便选择了以明朝遗民之心做清朝百姓,决定去参与清朝的科举,当清朝的官,做清朝的事。

不过，世事难料，并非你想当清朝的顺民就能当的。孔尚任参与科举考试，虽精心备战，潜心修为，却连连失利。对科举考试失去了兴趣，于是走进石门山，"隐居"读书。事实上，并不是他想隐居，而是失意后不得不找一个相对封闭之处躲清静。一方面可以少想些烦恼的事；另一方面也可以读读书、写写字，休养生息。当孔毓圻请孔尚任为丧妻治办后事时，孔尚任才34岁（1682年），他进石门山是四年前，也就是当他决定"隐居"之时，刚好30岁，正是年富力强，精力旺盛，干大事的年龄，却不得不进入山中"隐居"、沉没。

这就是现实。

如果没有后来康熙皇帝的临幸、没有花钱捐官的话，孔尚任不可能有出头之日的。因此，孔尚任的求学与求官之路是充满了曲折和波澜的。

第15章 书生际遇

"砰砰砰"急切而沉重的敲门声响起，把正在休息的孔尚任惊醒。

放下书籍，走到门前，打开大门，他被面前戴着重孝的两个孩子吓了一跳。他惊讶地上前搀起跪在地上的两个报丧人，"这是怎么了？"

报丧者头裹白布、戴着斗笠，手上拿一条白布巾哭着说："我娘去了。"

孔尚任吃了一惊，问："什么时候？"

"就是今天。"

报丧者说完就站了起来，孔尚任也不让两个人进屋，转身走进室内，从茶案上取过两个杯子倒上水，端着水杯又回到门口，把杯子递给报丧者。报丧者接过水杯漱过口，把杯子还给孔尚任，然后抹着泪离开了。

孔尚任匆匆赶到孔毓圻宅门，立在门外的台阶下，见孔毓圻一脸愁容，眉头紧皱地看着手里的一份文书。看完，叹了口气轻轻地摇头。

忽见孔尚任，像有惊喜的发现，面色缓和，亲切地招呼孔尚任。

孔毓圻虽比孔尚任小9岁，却因世袭"衍圣公"而地位高贵。孔毓圻一把拉住孔尚任的手，如释重负。孔毓圻举着手里的讣闻说：

"你来了，我就放心了，这个你来重写吧。"

孔尚任点了点头说：

"好，我这就回去着笔。"

孔毓圻摆摆手说：

"就在我这里写吧，不要把丧气带回去了。"

孔尚任点点头。孔毓圻吩咐家人带着孔尚任去写讣闻。

孔毓圻想了想说：

"这里的丧事就全权交给你来办吧。"

孔尚任问：

"这么大的事，你是不是考虑更拿得起来的人？"

孔毓圻很信任地注视着他说：

"你就是孔家最能拿得起来的人。"

孔毓圻的话鼓励了孔尚任，他也很自信地说：

"放心，我会安排好的。"

孔毓圻与孔尚任从小在一起读书，互相了解，对孔尚任的修为与才能赞赏有加。能够得到孔毓圻的邀请和信任，孔尚任自然感动不已，他封闭的读书与写作没有白费，本以为可能就这样了此一生的，现在突然得到衍圣公的重视，有些出乎意料。

孔尚任不负重托，这次丧事办得隆重而合乎儒家礼法，重现了儒家文化中的礼乐盛况。

丧事结束后，孔毓圻将孔尚任请到书房，跟他说：

"这里的事结束后你还有什么打算？"

孔尚任有些惆怅地说：

"还是要回到石门山去继续没有做完的事。"

孔毓圻却摆了摆手说：

"我看你就不要急着回山里了。我有个想法你可以考虑一下。咱们孔氏族谱传到大宋元丰三年（1080 年）首次刊刻、印刷以来，孔氏家族就有约定'60 年一大修，30 年一小修'，可至今只在明朝天启年间（1621—1627 年）修订过一次。我想，孔氏家族的《家谱》也该大修了，你是最合适的人选。"

孔尚任有些意外，但马上痛快地应承道：

"只要衍圣公需要，我很愿意为此出份力。而且，我以为，修家谱是要定些规矩的，什么人入谱，什么人不能入谱要有个规定。"

孔毓圻很赞同：

"目前的族谱，一户只收一人，有些做过大事的族人就不能入谱，这样的写法需要改进。你说得对，先定下一些入谱的规矩，再定人，然后再去写。"

孔毓圻想了想又说：

"光搞一个《孔氏家谱》还不够。汉朝司马迁在《史记》里有个单独的篇章叫《孔子世家》，记载了孔子的生平活动和多方面成就。我想，在厘清了孔氏家族的谱系之后，还要搞一部《阙里志》，要把孔氏家族的礼乐、世家、祀典、科贡、古迹、孔子生平、贤儒列传、历代诰敕、御制祭文、历代碑记、艺文志、墓志等，用文字详细地记录下来，形成一部完整的孔氏家族史。与家谱相呼应，就成了孔氏家族的历史了。"

孔尚任非常赞同：

"这也是我在石门山时，常常想到的事，也早有一些准备。"

孔毓圻顿了顿喝了口茶：

"我想，你在山里居住，并没有完全出世，一直有自己的想法。这次丧事你想得很周到，一方面我觉得很满意，另一方面又觉得十分担忧。"

孔尚任有些不解地看着孔毓圻。

孔毓圻继续说：

"你注意到了没有？这么大的一件事情，只有你一个人忙前忙后的。虽然有很多帮手，却有劲使不上。他们不懂礼乐之事，你让干什么就干什么，完全不像孔家后人。这样下去，千年儒学之风就会消失，以至于礼学之事后继无人，我们有愧于先贤哪。"

孔尚任理解孔毓圻的忧思，他深有感触地说：

"是啊，我虽然愿意操持这些事，也乐此不疲，可是，的确有势单力孤的感觉。"

孔毓圻满脸愁容地说：

"这样下去，礼崩乐坏，世风日下，作为孔家的后代，我们有何脸面去见列祖列宗？"

孔尚任道：

"这是多年积攒下来的业障，一直这样下去，后代子孙也就不知道儒家之礼乐大道，失去了仁道规范，堪为孔学之大忧啊！"

孔毓圻突然换了一种口气：

"这个重任，我想得你来承担。"

"我？"

孔毓圻望着孔尚任：

"是，我想过了，在孔氏后代中，只有你全面知晓这些家学，从小就接受严格训练。我希望你能发挥熟悉儒家礼乐之事的特长，组织起孔家的年轻人，教习礼仪，传授礼乐技艺。"

孔尚任受到这样的器重，感觉责任重大。他立起身，向孔毓圻施礼道：

"多谢衍圣公不弃！我愿意为恢复礼乐大事尽心尽力。"

孔毓圻笑了：

"不急不急，还有话没说完呢。我想先聚集曲阜的孔氏家族后生们操练礼仪，再请你教他们礼乐演奏之术。你先去访求能够做乐器的工匠，把他们集中起来，旧乐器凡是能用得上的修一修，没有的新做一批。我们应当准备好能够举办一场重大祭典活动的用具。"

孔尚任高兴地说：

"听衍圣公这样说，我就有底气了。"

第16章　秋丁祭孔

700 人的庞大乐舞队站在阳光下，有规有矩，个个精神饱满。孔庙要举行秋丁祭孔大典。这也是检验孔尚任教学成果的盛会。他下了大功夫，精心教习，倾囊相授，一遍又一遍地演练，一次又一次地预演，就是为了展现孔子世家的风采和孔家应有的样子。

准备多时，只为一日。朗日下，无数只写有"孔府""圣府""至圣""先师"等字样的灯笼悬挂在空中，无数面旗帜迎风摇摆。不像一般的祭典庙会，这次大典孔府有万人参加，盛况空前，一切井然有序。

孔毓圻身着新装，面带笑意从远处向孔尚任走来，孔尚任上前施礼道：

"给衍圣公请安！"

孔毓圻望着如此宏大的场面，旌旗招展，笑容满面地说：

"这才是孔家应有的样子，人丁兴旺，彬彬有礼，和善礼让。孔家的族风、家风、学风都回来了，这才是'天下第一家'的样子。"

看着熙熙攘攘的人群，孔尚任对孔毓圻说：

"以前没有想过孔氏家族有这么多人，真是人杰地灵，人丁兴旺啊。"

孔毓圻说：

"这是你看到的孔家人，还有那些你没有看到的呢，要远比这多。"

"噢？"

孔尚任有些不解地盯着孔毓圻问：

"您是说，这还不是全部？"

孔毓圻颇有深意地说：

"表面上看，除了那些出门在外的孔氏家人，生活在曲阜的人基本都到了，可是，你要知道……"

孔毓圻指着远方大片的墓地说：

"还有一大批地下的亡灵啊。自孔子以来，两千多年，孔家有无数位离去的英杰就埋在这里，你我也会在百年之后葬在这里的。曲阜不仅是孔氏家族的活人家园，也是死去亡灵的归宿呀。我们搞祭奠就是超度他们，让这些亡灵安魂。"

孔尚任很赞同孔毓圻的话：

"这是孔家的族脉血源，延续下去、光大下去才是我们的目的。"

孔毓圻边走边问孔尚任：

"秋丁大典之后，你有什么打算？"

孔尚任答：

"这次圣典之后，我的事情也就做完了。不过，孔氏家族的族谱写成后，我一直在想，现在的这个名字是不是需要改动？"

孔毓圻问：

"为什么要改名字？"

孔尚任对孔毓圻说：

"族谱修成之后，我想，汉代司马迁写有《史记·孔子世家》，那里边虽然写得比较粗略简单，但那是官方所认可的，也是有权威的。我们现在的这个叫'孔氏家谱'似有不妥。我想我们的祖谱应当顺着这个称呼延续，是否可以把家谱修改为《孔子世家谱》？我们虽是孔家后代修谱，孔子却不是孔家一家的先祖，他是儒家学说的源头，这个族谱应当是全天下文人的族谱，应当有个大气一些的名字。《孔子世家谱》我看就很合适。"

孔毓圻听孔尚任这么一说，异常兴奋地回应道：

"你说得太对了！我们要给后人留下一个榜样，以后修谱都叫《孔子世家谱》。现在我们只收录仍在曲阜居住的 60 户人家，以后，还可以考虑收录那些漂泊在外的孔家后代。我们这一代人的任务就是要完成这些仍然活在本乡本土的孔家人家谱的编纂。后代人能够做到什么地步，我们是管不了的，但是从我们这一代开始可以建立起一些基本的规矩。"

孔尚任说道：

"修家谱有修家谱的基本原则，写志也要有写志的要求，我想立规矩树标准都是为了承续孔氏家族的精神，儒家的精华。"

停了停，孔尚任有些留恋地说：

"衍圣公，我的几个任务，办丧、修谱、拟志、教习都已经完成了，今天的这个大典是我的最后一件事，之后，我还是要回到石门山中去读书、写作，真是有点舍不得呢。"

正在这时，家仆急匆匆地赶来，向孔毓圻报告：

"老爷，山东巡抚张鹏大人有要事求见。"

孔毓圻对孔尚任说：

"你的事远远没有完，石门山就不要回去了。等秋丁祭孔大典结束后，我们要细细地详谈。"

孔尚任说：

"秋丁大典就要开始了，我们等着衍圣公。"

孔毓圻点点头，跟在家仆后面去见山东巡抚去了。

山东巡抚经常到孔家来拜访，并不是什么稀奇之事。但是，提出有"要事"相见的时候却并不多。孔毓圻进了大堂，张鹏便起身给孔毓圻施礼，孔毓圻还礼道：

"是什么风把巡抚大人吹来了？有事就让手下人告诉我一下就行了嘛。"

两个人朗声大笑。

寒暄过后，张鹏有些神秘地对孔毓圻说：

"您知道，皇上结束了南方巡视，正在乘船回京，他老人家的兴致很高。"

张鹏压低了声音凑近孔毓圻的耳边说：

"最近快要到达咱们山东地界了。听打前站护驾的大臣说，皇上有意要到曲阜拜祭孔庙。"

孔毓圻吃惊地问：

"啊?! 皇上一定会来吗？"

张鹏低声说：

"这个可不好说，兴致所至，他是说来就来，情绪不好，说不来就不来了。可是，咱们得事先有所准备呀，得按照来的准备。"

孔毓圻既有些紧张，又有些兴奋地说：

"这可是清朝皇帝第一次临幸曲阜啊，是得好好地筹备一下。正好，尚任刚刚把荒废的孔家礼生、舞生培养完，正要举行秋丁大典呢。要是皇帝来了，这可是锦上添花。要是他不来，也权当是一次新的排练。好啊好啊。"

张鹏一听也颇感意外地说：

"您说这事真是凑巧啊，你们刚刚完善了儒家礼教之事，皇上就要亲临，好像都是老天安排好的。"

孔毓圻问：

"张鹏张大人，皇上要祭典之事，我是很有把握的。可是，对于我们这一代孔家来说，还是第一次操办这么大的事，您看还有什么要提醒我们的吗？"

张鹏说：

"猜想着皇上到曲阜也不会搞个祭典就走，他会参观孔林、孔庙、孔府什么的，你们可要把这些修整好，要选些人在这些地方专门侍候着。一旦皇上到了，可就是天大的事，千万别出什么岔子。"

孔毓圻答：

"这个自然。据你推测，如果皇上真来的话，他会什么时候能够到？"

张鹏想了想说：

"要是慢的话，得20多天；要是快的话，10多天就到。康熙他老人家正是精力旺盛的年龄，说走就走，说停就停，随性得很。我们就按照10天之内到来准备，宁肯早，不能晚。"

孔毓圻有些担忧地说：

"这么快？！要是这样，的确宁早勿晚。那么，他老人家来的可能性有多大？"

张鹏分析说：

"我觉得，他来朝拜孔庙的可能性很大。您想啊，大清朝是靠武力征服的明朝，本来就有股子强大的势力要反清复明，南北都有割据势力，都想复国，江山不稳啊。可是，仅靠武力还是不行的，要想江山牢固，还得从精神上去服人，拜祭孔子是个最简单也是最管用的方法了。历朝历代都尊孔复礼，推行仁政，清帝也不例外。皇帝尊崇儒家文化，推动礼仪孝廉，人心就会软化，人心向他，他的江山就会稳固。何乐而不为呢？再者说了，这次皇帝南巡，安抚民心，加强统治感化，到了山东顺道一巡，哪有不来曲阜的道理？"

孔毓圻点点头：

"你这样一说，我也觉得皇帝来孔庙朝拜的事十有八九是可能的。你说得有理。"

张鹏站起身告辞：

"衍圣公，您知道，目前大清王朝还不是很太平，为了安全，皇帝的行踪都是严格保密的。康熙老人家快到山东地界的事，只有几位最可靠的人才知道，您要保密呀。"

孔毓圻保证：

"张大人您放心，我一方面认真准备迎接皇帝临幸祭拜之事，另一方面也会守口如瓶的，不会走漏半点儿风声。"

孔毓圻邀请张鹏说：

"巡抚大人，今晚就是秋丁大典，你既然到了，就一起参加一下吧，也给我们把把关，出出主意。你的到来是孔府的荣耀啊！"

张鹏又摆手又摇头：

"使不得，使不得！这是孔氏家族的大典，我一个外姓人到场就不合适了。再说，我是来秘密安排皇上行程的，要是出现在秋丁大典上，还不得被人猜三想四的，一旦知道我来的目的，秘密就保不住了。你们搞你们的，也算是一次预演吧，我就告辞了。"

说完，张鹏拱拱手。

孔毓圻听了这番话也就不挽留了：

"那就等皇上到来之时，再请张大人观礼。"

第17章　双龙对撞

虽然向山东巡抚保证严守秘密，但是最为核心的人还是要知道的。特别是孔尚任等几位要具体地组织实施祭祀大典的人，如果不告诉他们，他们就不知道按照什么标准去准备，也就对祭典的规模不清楚。

秋丁大典之后，孔毓圻连夜召集族内核心人物开了一个秘密会议，把山东巡抚张鹏所说的话向大家说明：

"目前刚刚进行过秋丁大典，这是最好的机会。趁热打铁，各种仪式，祭奠程序，队伍组成都是现成的，我们只要精益求精就行了。此外，皇帝来曲阜还要把孔庙、孔林、孔墓等处收拾干净。"

孔毓圻对孔尚任说：

"大事、重事一个接着一个，你是走不了的。我想，回石门山去也不是你的最佳选择，康熙皇帝要拜祭孔子，这正是发挥你才能的时候。礼乐之事已经不成问题了，程序熟练，器物已成，这些都不需要费太多的精力，只是锦上添花的事，不难。"

孔尚任说：

"皇上要到孔府祭拜这是最重要的事，其他都可以不办，这件事却是一定要办好的。但是，我想提醒衍圣公，皇上追求完美，人又讲究，大是大非我们是没有问题的，可是小节细处未必都能令他老人家满意啊。还是得多想细想才不出差错。"

孔毓圻说：

"那，咱们就分一分工，各自把自己负责的部分守好、干好，保证万无一失才好。"

接下来孔毓圻给大家分了一下工。孔尚任是祭典的总指挥，一切皆听他一人的。其他人负责外围的准备。安全是最重要的，虽然有大内高手防护在皇帝身边，山东巡抚也会安排人在四周巡防。但明朝遗民、悍匪叛逆处处有眼线，人越多越不好说，祭坛之上也需要安排人保护。孔府在保护皇帝、安排行宫、安排皇帝饮食等方面都做了精心的布置。各负其责，各守其位。会后各回各家，严密筹划。

孔尚任几乎一夜未眠，连日的祭祀排练让他疲倦，刚刚结束的秋丁祭典仪式，也让他兴奋难眠。重要的是他内心对于康熙即将到来的——某种冥冥之中的渴望，是什么，他并不知道。

次日，孔尚任早早起来，把孔家弟子们集合起来，重新排练乐舞礼仪。为了使场面更加符合皇帝祭拜的声势，根据旧例又调整了天子朝拜仪式程式次序以及朝拜时的乐器、服饰等。儒家所划定的日常朝拜和重大纪念日的活动有所不同，后来又发展出了按照身份规定的朝拜方式，不同的身份有不同的朝拜内容，所使用的礼器也有所区别。孔尚任熟悉这些礼仪规范，虽然是第一次实际应用，却也成竹在胸。

快到中午的时候，孔毓圻来了。他在孔尚任指挥操练的时候就远远地站在一个角落里观察，越看越对孔尚任欣赏。他觉得以孔尚任的才能是可为国家担当大任的，但是科举考场却将他阻挡在外，也实属无奈。孔氏家族几代人也很难出一个如此才华横溢之人，不把他用起来也实在有愧于孔家，更有愧于国家。

过了一会儿，孔尚任才发现了站在远处观察他们操练的孔毓圻。急忙让弟子指挥，自己快步走到孔毓圻面前。深施一礼，一边喘着气，一边接过仆人递过来的湿毛巾擦汗，一边歉意地对孔毓圻说：

"不知衍圣公到了，失礼失礼！"

孔毓圻微笑着摆摆手：

"自家人不用客套。你也真不容易，陪着这些小子们一起练，能让别人代替的就让他们多来，还有很多事情等着你干。说起来，你也年纪一把了，岁月不饶人啊。"

两个人边说边走到一旁的太师椅前落座，仆人们已经在茶几上摆好了热茶。孔尚任做了个"请"的动作，而后自己先端起茶杯喝了一口。

孔毓圻笑了：

"看来你真是渴了。"

孔尚任不好意思地放下茶杯说：

"一大早出来，没来得及喝水吃东西，就在这里凑合一下吧。"

孔毓圻心疼地说：

"都午时了，早饭还没吃？你可别在关键的时候身体出问题啊。这次皇上来巡就指望你了，能放手的就让弟子们去做，你动动嘴也就行了。"

孔尚任说：

"等这次祭拜大典过去就好了。有些东西原来是纸上谈兵，现在要见见世面，那是不一样的，得我亲自示范。我想，这一辈子我也就只有这一次为皇帝辛苦的机会，以后想孝敬他老人家也是不可能的。"

孔毓圻点着头：

"你说得对，对孔家来说，虽然历代都有皇帝亲临阙里孔林之事，可是清朝究竟有所不同。康熙皇帝很不容易，平定三藩，收复台湾，从一个皇子到威风凛凛的皇帝，真是不简单哪！可是，咱们替他想想，天下现在还是不太平呀。南北防务都很紧张，南有史可法、郑成功父子顽固抵抗，北有沙俄虎视眈眈，还有各地数不清说不明的反清势力在暗中较劲。就咱们这些明朝遗民来说，公开拉起反清大旗的就有不少啊。显然，只用武力镇压是久不了的。康熙皇帝朝拜孔庙不是简单地向孔圣人行个大礼，而是要征服民心、民意啊。"

孔尚任呷了口茶，放下茶杯赞同地说：

"康熙皇帝东征西伐，平定天下，作为臣民我们也要做好分内之事。特别是作为孔家后代，要尽我们这些臣民之道。"

孔毓圻站起身来：

"陪我去巡视一下。皇帝要是真来了，哪个地方都有可能去走走看看，不能有半点差池。"

孔尚任也站起身，把助手叫到身边，低声交代了几句，随后陪着孔毓圻向前方走去。

孔毓圻对孔尚任说：

"皇上第一次临幸，任何小事都是大事，不能出一点儿纰漏。你知道孔家的礼仪多，你也经历得多，尤其是那些细处，你看还有什么问题，趁还有时间得纠正过来。"

孔尚任边观察着周围边说：

"咱们尽量不出问题。可是百密一疏，只要大的方向不出问题，小的地方皇上大人大量，也不会太在意的，不用过于紧张。我们尽心尽力。"

这时，他们走到了大成殿下。围绕着大成殿走了一圈，孔尚任仔细地看着，正要离开，突然站住了。他问衍圣公：

"您不觉得这里有问题吗？"

孔毓圻没明白孔尚任所指，有些困惑地问：

"这里不是挺好的吗？会有什么问题？"

孔尚任指着大成殿的几根柱子说：

"衍圣公，您看，这柱子上面雕着的盘龙，是不是太扎眼了？"

孔毓圻还是没有明白孔尚任要说什么，没有回答。

孔尚任边抚摸着石柱上的雕刻边说：

"这些徽州人手艺真是不错，这些盘龙雕得活灵活现，手法精妙。我想您是去过皇宫的，这些盘龙是不是比皇宫的还要有气势？可是，衍圣公，皇上是真龙天子，在皇宫里怎么雕，雕什么都不要紧，在民间就大有讲究了，不能犯忌啊！虽然咱们是'天下第一家'，却也不能超过皇宫啊。这些盘龙玉柱太扎眼，且有这么多，皇上要是走到这里，不会感觉太好的。"

孔毓圻恍然道：

"呀！这可是大事，要是皇上怪罪下来，是个大罪过。虽然，皇上不会因此对孔家如何，惹怒了皇上，却不是件好事。这是冲撞帝王，冲撞真龙天子。如何是好？"

孔毓圻焦虑地盯着孔尚任。孔尚任沉思着说：

"若是将柱子上的盘龙除去呢，就枉费了这些徽州人的手艺，原来的设计用意也就没了，失去了大成殿的威严庄重之感。再说，除掉盘龙柱子光秃秃的也很难看。"

孔毓圻说：

"要是把柱子用木板包起来，刷上漆呢。等皇帝走了再恢复原状。"

孔尚任摇了摇头说：

"恐怕也未必合适，时间能不能来得及？还有，新的东西就是新的东西，皇上容易发现，要是问起来，也不好解释。"

孔毓圻问：

"以你之见，如何办呢？"

孔尚任似乎有了好办法：

"要是用一大块黄色的绸缎把这柱子包起来呢？这样既不破坏原有的雕刻，也能朦朦胧胧地展示雕刻。皇帝也不会太在意，这样就不会冲撞天子，说不定皇帝还会喜欢。"

孔毓圻想了想点头道：

"把盘龙罩起来是让它们回避真龙天子，避其锋芒。用黄绸缎是皇家尊贵之色，这都解释得清楚，皇帝问起来，也是说得过去的。这个主意好！"

孔毓圻招招手，两个手下人快步走过来。孔毓圻对他们说：

"你们快去找几匹上好的黄色绸缎，把这十根柱子罩起来，要装饰得漂亮一些，越快越好。"

这时，有家人急急忙忙跑来向孔毓圻报告：

"有两位皇宫大人要见衍圣公。"

孔毓圻对孔尚任说：

"肯定是祭拜之事，走，咱们一起去见见钦差大人。"

他们匆匆来到孔府，两位身着官服的人端坐在室内，正在喝茶，身旁站着四个带刀护卫。见衍圣公进来，站起身来施礼道：

"大人！"

衍圣公拱拱手说道：

"不知两位钦差大人驾到，让你们久等了。"

一位钦差说：

"我是翰林院掌院学士常书，这位是侍读学士朱玛泰，我们是奉命前来安排皇上拜祭事宜的。"

孔毓圻向两位大人施礼：

"失敬，失敬！我们正愁如何安排呢，二位是皇帝身边的重臣，就多多给我们些意见，省得我们忙中出错。"

常书谦虚地说：

"哪里哪里，皇帝到曲阜这是第一次，安全不出纰漏是最重要的。其次呢，主要的还是不叫皇上挑理，他老人家知书达礼，对儒学是有研究的，这个你们要千万小心才是。"

孔毓圻向两个差人介绍孔尚任说：

"这位是孔尚任，孔子 64 代孙，目前在全权负责礼乐朝拜之事，对礼乐之事、儒家学问都有着很深的研究，是孔家最有资格的大学者。可惜只是个监生，我想请他也参加一下，不知妥当否？"

常书说：

"哪里哪里，您安排就是了。"

宾主落座后，孔毓圻问两位差人：

"皇上除了要拜祭孔庙参拜孔林之外，就没有别的吩咐了吧？这些我们都正在紧锣密鼓地准备着，只要三五天的时间一切都好了，请两位大人放心，也请皇上放心。"

朱玛泰摆了摆手：

"拜祭之事我们倒是觉得不会出什么岔子，可是，皇上又有新的旨意，还得请你们早做准备才是。"

"噢？"孔毓圻有些意外地问：

"皇上有新的意思，那请两位差人说一说。"

朱玛泰望了一眼常书：

"请常大人说吧。"

常书摇了摇头：

"还是请朱大人一起说了吧。"

朱玛泰点点头：

"皇上想听听孔氏后代讲经说易。到了孔府就要听听正统的儒学讲法。皇上说了，他听了不少的讲经，现在要听听你们讲的，还请衍圣公好好安排一下。"

这个要求让孔毓圻颇感突然。他想的是，给皇上讲经是个大事，讲好了，可以博得康熙大悦，会给孔府带来不尽的好处。可是，万一要是讲得不好，皇上可是熟读经书的人，他知道什么是好，什么是坏。

孔毓圻犹豫地问：

"是皇上亲口说的？有没有可能推掉？虽说孔府是孔子后人聚集之地，可究竟是个乡野小地方，没见过大世面，与皇宫讲经学儒的师爷们比起来，不可同日而语。怕是讲不好。"

常书干脆地说：

"我们也是想多一事不如少一事，到这里朝拜一下孔圣人，行个大礼也就罢了。可是，皇上提出来了，要听听圣人的后代讲经说易。皇上开了尊口，是不能推脱的。而且只能讲好，不能讲坏，不然，我们都会为难呀。"

理是这个理，可是孔毓圻心里没有底，他犹豫地点点头：

"那就照皇上的旨意办吧。"

孔毓圻看了孔尚任一眼，突然眼前一亮说：

"有了！请尚任为皇上讲经如何？"

孔尚任直摆手：

"使不得，使不得！我哪里有资格给皇上讲经？还是另外考虑高人吧。"

朱玛泰却十分赞同地说：

"我看行！"

常书也说：

"是呀，我们提前到了济宁，在这一带你是大名鼎鼎的。都说你的学问好，几考不中，正在失意。现在机会来了，讲好了，说不定龙颜大悦，一高兴赐你个博士什么的，也没准儿呀。机不可失，这可是难得露脸的良机。"

听两位差人一说，孔毓圻也下了决心：

"你也别再推辞了，就这么定吧。尚任的经书烂熟于心，讲是没问题的，只是，还请两位大人指点一下注意什么。"

孔尚任有些诚惶诚恐地连忙道谢：

"多谢衍圣公的举荐，也谢谢两位大人的错爱。我认真准备，尽全力，不让大人们失望。"

常书满意地说：

"这就对了嘛！在孔家，目前你是最合适的。"

孔尚任问：

"皇上需要听哪部经书？"

常书说：

"他老人家提出想听听《大学》和《易经》两部书，讲一段就行。皇上的目的是想知道孔子后代对经书圣典的熟悉程度。"

朱玛泰又提出：

"按照规矩，一个人讲经是不够的，至少要有两个人。一个人讲《大学》，一个人讲《易经》，衍圣公还得另安排一个人，两个人共同为皇上讲课。"

孔毓圻一听又有些为难了：

"哎哟，这可有点难了，还有谁呢？"

孔尚任脱口而出：

"孔尚鉝呀，他是位举人，精通四书五经，学问出色，非常合适，我们两个给皇上讲。"

孔毓圻连连点头说：

"对！孔尚鉝可是位难得的才子呀。"

常书说：

"讲经前还要写出讲义来。我看讲义由尚任一人写，讲时分着讲，请尽快写完，还要请大臣去审阅。"

孔尚任答道：

"这个，小人回去立即着手去写讲义。"

朱玛泰笑了：

"现在就要写，写完我们要拿回去的，我们等着。你就在这里写，不用太复杂，简明扼要，一目了然。"

孔尚任有些吃惊：

"现在就写?!"

孔毓圻也有些意外，但并未表现出异议，只是吩咐仆人们立即摆桌案，备纸墨。很快，在厅前就支起了桌案，铺开纸张。孔尚任立在桌前半晌迟迟下不了笔。

山东巡抚张鹏这时插话说：

"你们这样瞧着尚任，两条红烛，四双青眼，他怎么写嘛。他纵有七步之才，也难以下笔，我们要不回避一下吧。"

孔毓圻说：

"那就让尚任背过身去，我们也背过去。"

下人们立即调整桌案，孔尚任挥毫写字，不一会儿就完成了第一篇《大学讲义》。接下来又一气呵成，把《周易系辞》第一节"易义"的讲义也写出来了。

常书拿在手一览，两眼放光，直夸赞道：

"圣名之下固无虚士！不愧是孔氏后代，真是才子！"

常书再仔细读过一遍后，边点头边和蔼地对孔尚任说：

"你可以在文末加上一段'颂圣'辞藻嘛。你们的前辈都是从大明过来的人，现在是清朝皇帝要听你们的经书，更要表现出你们对清朝皇帝的认可和服膺，虽小礼却是大节呀，一定要写上。"

朱玛泰也对孔尚任说：

"大家都心知肚明，孔氏家族都是明朝旧臣，虽是身不由己，却也是事实。况且尚任连考不中，长期不得志，言辞稍有不慎就会被皇帝怪罪。我看，加上一段歌功颂德的吉祥话，有百利而无一害。"

孔尚任连连感谢道：

"多谢两位大人的真情提醒，小人定不会辜负大人的期待和提携。"

第 18 章　御前讲经

1684 年（清康熙二十三年）11 月 16 日，是一个风和日丽的冬天。微风拂面，虽然树木花草已经枯槁，却令人愉悦。

孔尚任突然接到消息，康熙皇帝已经到达费县，要他立即做好迎驾准备。

孔尚任和孔尚鉝自然诚惶诚恐，他们精心备课，虽然已经胸有成竹，却总是放心不下，就怕万一有个什么闪失，他们的学生可是皇上呀。

孔尚任急匆匆赶到孔府东书堂，翰林院掌院学士孙在丰、山东巡抚张鹏，及衍圣公孔毓圻已经在那里了。他们一边说话喝茶，一边等待孔尚任等人，孔尚任拜见了几位大人后，大家落座。

孙在丰展开手中的文书说道：

"你写的这两个讲义我都阅过了，写得不错。不过，讲义虽好，却有一些字句不妥呀。但非大问题，你在这上面改过，我们现场誊写清楚就行了。"

说着，孙在丰将讲义递给了孔尚任。孔尚任接过讲义发现那上面有几处掐痕。通常大臣们若是指出缺陷，会直接用笔圈出，只有皇帝有时不便直接表达自己的意图才会不动声色地在上面用指甲掐记。孔尚任心里很激动，他觉得这个皇帝还是个很用心的人，这么一个小讲义他都过目，而且如此细心地指出其用词不当，可谓用心良苦。

孔尚任仔细地在做记号的地方改正了不妥字句，然后恭恭敬敬呈递给孙在丰：

"请大人过目。"

孙在丰看过后，点了点头：

"这就行了。我来誊写一套两份，给皇上御览，然后再让他人誊写两份，你和孔尚鉝各执一份讲经用。"

孔尚任知道，自己的手书功夫远未及孙在丰，给皇上看的讲义是要写得好一些，也就没有再说什么。

孙在丰叫来一个助手，让他带着孔尚任去诗礼堂，孔尚鉝已经等在那里。孔尚任一到，就有皇宫礼仪官出来，讲解给皇上讲经时的各种礼仪，并带着他们练习了数次。待他们完全掌握之后，才离去。

孔尚任回到住处已经是半夜，刚刚洗过脸就有仆人进来报告：有钦差大人到。是翰林院掌院学士常书，侍读学士朱玛泰，后面跟着的是孔毓圻等人。他们是来宣读"讲明经书文义"圣旨的。孔尚任立即跪接圣旨。

11 月 17 日下午，康熙皇帝大驾光临曲阜，沿途鼓乐齐鸣，遍地皆为伏地山呼万岁者，场面甚为壮观。孔毓圻带领挑选出的孔家后人代表，远远跪接皇上驾到。

跟随在康熙华丽典雅的龙辇边的庞大队伍在威严整齐的仪仗队"卤簿"的引导下浩浩荡荡向前行进。

孔尚任一直在诗礼堂待命，等待皇帝的出现。听孔尚任和孔尚鉝讲经说易的不止康熙帝一人，还有一些被特许听讲的各官阶官员有 35 人，而其他的司、道、府、县官员都在门外听讲候侍。

康熙慢步走进礼堂，直奔设在大堂中央的太师椅，一坐下，他就轻轻地端起茶杯，轻抿一口，然后环顾四周大臣。

下面是大学士明珠王熙，吏部尚书伊叶阿，礼部尚书介山，工部尚书萨穆哈，内阁学士麻尔图、席尔达，翰林院掌院学士常书、孙在丰，内阁侍读学士徐廷玺，翰林院侍读学士朱玛泰、高士奇等官员。

康熙放下茶杯，突然说：

"兖州府知府张鹏翮，做官清正，也许听讲。"

于是，张鹏翮被传唤到厅内跟皇上一起听讲，他被排在巡抚之下。张鹏翮刚刚站好，负责礼仪的鸿胪寺官员就大声宣布：

"行礼！"

衍圣公孔毓圻率领孔、孟、颜、曾、仲五氏子孙行三跪九叩大礼。礼毕，鸿胪寺官高声宣布：

"讲书！"

孔尚任和孔尚鉝从西边的台阶上厅，行一跪三叩礼，起立后站到讲案西边。孔尚任首先走到讲案前开讲。

讲了一会儿，孔毓圻小心地提醒康熙说：

"皇上，是不是小憩一下？"

旁边有大臣递过茶杯，康熙接过来轻轻地呷了一小口，点着头说：

"讲得很恰当，比宫里的讲经官讲得还好。"

随后，康熙挥了挥手道：

"走，咱们去拜拜万世师表。"

一群人前呼后拥地走出了书房。前面是卤簿，孔毓圻走在康熙的侧面，大臣们跟在后面小心陪着。而这时的孔尚任早就根据孔毓圻的安排去准备迎接圣驾、进行祭祀大礼。

第 19 章 巧解困局

按照祭祀礼节，康熙大帝的拜祭采取"太牢"之礼，也就是摆放的祭品皆为整只的三牲（牛、羊、猪）。这是最高规格的献祭。次一等的祭品规格叫"少牢"，少牢是皇帝以下人等祭祀时摆放，少牢的祭品中没有牛，只有羊和猪。

孔尚任指挥着孔家弟子们早早地把祭品摆在大成殿的祭桌之上，地上黄毡也已铺就。香雾袅袅，烛光晃晃，一切都已准备停当。

这之前，孔尚任反复地检查巡视过，确认万无一失后，才带着众弟子赶到路边去迎接皇上到来的。

不久，远远地就看到了长长的皇家行队浩浩荡荡地向这里走来。孔尚任一挥手，弟子们都跪在路边，向远方的皇帝叩头迎接。

康熙乘坐的车轿在漫漫的尘土飞扬中进城了。路边一遍遍山呼"万岁，万岁，万万岁！"除了孔氏家族弟子外，还有各级官员也在道路两旁跪迎接驾。皇帝的车马并没有停下，康熙也没有拉开帘子向外看，车队直奔孔庙而去。

到达奎文阁前，皇帝降辇下轿。康熙下了轿子看了看天，有臣仆上前搀扶着他走进了斋帷之中。山东巡抚张鹏亲自给皇上端过茶杯，皇上接过茶杯，打开盖子，轻轻地吹吹浮花，呷了一小口，放在桌案之上。看来皇上的心情不错，他看了看张鹏问：

"曲阜的孔子后人现在还有多少？"

张鹏答：

"回皇上，曲阜尚有一万多孔姓家人。在外做官谋事之人也在万人左右。"

康熙叹道：

"人丁兴旺啊！儒家的师承家学就靠这些人传下去了。可是，不能仅限于孔子后代之人，还要传遍天下，让更多的人视儒学为世学。"

张鹏答：

"是！皇上。曲阜已经有许多私塾家学馆在传播这些经典圣书，相信儒学会兴旺的。"

康熙又端起茶杯，呷了口茶，赞道：

"这个茶不错啊，是曲阜产的吗？"

张鹏立即答道：

"回皇上，这是卑职特意从蓬莱山调来的，专供皇上到曲阜时饮用。"

康熙点点头，然后起身说：

"走，去拜先师，行大礼。"

由孔尚任和礼仪官引导，皇帝走出承圣门，进入大成门，登大成殿，走到孔子像前。百官跟随其后，前呼后拥地来到大成殿前。这时，侍卫打开遮挡在孔子像上的布幔，康熙抬头观瞻孔子像，久久肃立。

皇上突然对身边的孔尚任说：

"给朕说说吧。"

这一句话把孔尚任说得有些摸不着头脑，他没弄明白皇上要他说什么。

这时，站立在孔尚任后面的一个大臣慌忙扯孔尚任的衣襟，示意他跪下。孔尚任立即跪伏在地，他突然明白了皇上问的是什么。答道：

"回皇上，这座孔子圣像塑造于东魏兴和二年，由兖州刺史李珽所筑。"

孔尚任回答完，身边的大臣拉他起身，陪在皇帝身边，看其他的四座雕像。皇上看得很仔细，一座座细细地看来。随后走到了祭桌前，看祭桌上摆放的祭器，上面摆放着三个牺象、云雷（皆为祭祀酒器），康熙站在那里，突然问：

"这是什么时代的法物？"

孔尚任立即答道：

"回皇上，这是汉章帝元和二年，在阙里祭祀时留下的祭器。"

康熙转过去，看到了石刻，吴道子所画鲁司冠像。在石像前站了一会儿，走出，进了北门，边走皇上边问孔尚任：

"哪座雕像最真实？"

孔尚任答：

"只有行教小影颜子从行者最真实。相传是孔子的弟子端木所赐手写，晋代顾恺之重新摹画的。"

听孔尚任这么一说，康熙便停下，在雕像上抚摸着，看了许久，然后才从左侧台阶走出。康熙边走边问：

"西偏房是什么地方？"

孔尚任答：

"前面的是金丝堂，后面的是启圣公叔梁父祠。孔子九世孙孔鲋，为了逃过秦始皇焚书之难，把诗书都藏在了自己家的墙壁之内。汉代时，鲁公王为了扩大皇宫建筑，想把孔家的宅子拆掉，这时就听到墙内传出了金石丝竹之声，敲开墙壁，就发现了竹简古文。因此，后人就把这个地方称作'金丝堂'。这是金代所建，明代移此处重修。叔梁父祠是元代为了纪念孔子父亲叔梁纥而建造。"

康熙边听边走，面色肃穆。皇帝回到大成殿后，面对跪在地上的孔子后人说：

"至圣之德，与天地日月同其高明广大，无可指称。朕向来研求经义，体思至道，欲中赞颂，莫能名言，特书'万世师表'四字，悬额殿中，非云阐扬圣教，亦以垂示将来！"

康熙对孔氏弟子们说：

"历史上，各朝各代的帝王到阙里拜祀时，都要留下一些金银器皿以示纪念。今天寡人到这里祭拜先师，看到孔子家族繁衍兴旺，也是感慨万千，对至圣先师尊重不已。我也不能例外，也要留下一些纪念之物，以示我大清皇朝对至圣先师的崇拜之意。不过，不能像以前皇帝一样只留下一些器皿金银之物，我要把此行所有曲柄黄盖，常用之物都留在孔庙之中，以示朕尊圣之意。"

孔毓圻一听惊喜不已，连忙率领孔氏家族成员跪地山呼：

"万岁！""万岁！""万万岁！"

皇帝的伞盖是皇帝经常使用的物件，康熙把这么重要的东西赐赠给孔庙的确是前所未有，无上光荣的事。翰林院五经博士毓珽站起身，把皇帝的伞盖恭敬地放在大成殿中央，孔家弟子欢欣鼓舞，这是个意外之喜。

康熙走出大成殿，孔尚任和孔毓圻等人陪在一边。

皇帝问孔尚任：

"你多大了？"

孔尚任立即回答：

"臣今年36岁。"

皇帝又问：

"你是孔子的几世后代？"

孔尚任答：

"臣是孔子第64代孙。"

康熙帝问孔毓圻：

"你是孔子的第几代？"

孔毓圻答：

"臣是孔子的第67代孙。"

说话间，他们来到了"杏坛"，孔尚任介绍说：

"这里就是孔子讲道上课的地方，至圣仙迹。"

皇帝看着"杏坛"两个篆字良久，看来，皇上对这几个字很欣赏。这是金代的文人党怀英所书。随后，皇帝拿起杏坛前精致的石镂龙炉把玩起来。

孔尚任连忙解释道：

"这是金代的能工巧匠章宗时的作品。"

康熙赞不绝口：

"真是精巧无比！"

他们缓缓走到宋代御赞殿基前，看到了大书法家米芾所题写的《桧树赞》碑、宋真宗君臣所题《孔子及七十二弟子赞》碑，碑文碑刻都让康熙赞赏不已。

走到大成门的东阶处，孔尚任指着几棵树给皇帝介绍说：

"这就是孔子亲手种下的桧树，已有两千多年了。"

康熙问：

"这棵树没有朽烂，为什么没有树枝？"

孔尚任答：

"明朝弘治十二年，大成殿起火被烧。这棵树处于大成门和大成殿之间，树枝都被烧光了，只有树干存活下来，现在过了 200 多年了。可是这棵树不枯不荣，坚硬如铁，所以被称为'铁树'。"

侍臣上前把拦在树前的铁门打开。康熙走到树前，抚摸观察，慨叹道：

"皇帝虚妄'万岁'却不如一棵桧树命长，万物皆有定数！"

看完铁树，孔尚任请皇上走出大门。康熙问：

"汉代的碑刻立在哪里？"

孔尚任答：

"汉碑都立在奎文阁前。"

孔尚任引导着皇帝到唐朝碑林，在这里观赏唐乾封碑。随后来到奎文阁前。

孔尚任介绍说：

"奎文阁收藏着历代书籍，皇上所赐经义也都被我们珍藏于此。"

康熙满意地点着头。一路走下去，一路看下去，一路问下去。康熙皇帝兴致勃勃，好奇、好问、好学。

祭拜孔子墓是事先计划好的，一切摆设装置都是按照儒家礼仪安排。

康熙走在前面，两边是侍臣随员。孔毓圻、孔尚任等孔氏家族的成员们站在队伍前面。当康熙缓步走近孔子墓时，他看到了墓碑上的九个大字"大成至圣文宣王之墓"，脸色立即沉下来，站在那里不动了。这时，祭祀的鼓乐已经隆重奏起，康熙帝皱了皱眉，仍站着不拜，众人全都愣住了。

翰林院掌院学士常书一看，坏了，皇上挑理了。他赶紧小跑着走到康熙身边，躬身向前，搀扶着康熙的手臂：

"皇上，咱们到一边喘口气休息休息。"

康熙没有答话，在常书的搀扶下走到了一旁的龙椅前坐下，掸掸龙袍上的灰尘，从茶几上端起盖碗来，轻轻地呷了口茶。

常书肃立一旁，向朱玛泰使了个眼色，朱玛泰心领神会地走向孔毓圻。

这时，孔毓圻正在着急不知道出了什么事呢，一脸惊恐，搓着双手，手足无措。朱玛泰走到他身边低声地说：

"皇上不能拜'王'呀。咱们康熙爷有个规矩，他是'拜师不拜王'啊，天下都是他的，他就是最大的王，他怎么能拜王呢。"

孔毓圻斜目看了一眼孔圣人墓碑上的"大成至圣文宣王之墓"九个大字恍然大悟：

"噢！我说呢。可这块墓碑已经存在了二百多年了，这可怎么办呀？"

朱玛泰也焦急地说：

"不能让皇上就这样干坐着呀。这样僵着也不是个事儿啊，得想想办法。只要有'王'字，皇上就不能拜，这是规矩。"

冬天的孔林很冷，孔毓圻却急得满头冒汗。

他低声问一旁的孔尚任：

"尚任，快想想办法！大冷的天，不能让皇上冻着。再说，这么一大家子人面前，就让皇上……"

孔尚任沉思片刻问孔毓圻：

"包盘龙柱的绸缎还有没有？"

孔毓圻马上问身边的人，那人回答：

"有有有！还有不少呢。"

孔尚任说：

"快去取来，把笔墨也取来，我有办法了。"

孔毓圻问孔尚任：

"你还是以黄布加身——盖上？可要是盖上，那不就成了无字碑了？那还祭拜个什么劲？这可不行啊。"

孔尚任微笑着说：

"不全盖上，只盖那三个'文宣王'，只要皇上不觉得碍眼，咱们就成了。"

孔毓圻连连摇头：

"那不就成了'大成至圣'了吗？这意思不完整啊。皇上会不高兴的。这个办法不妥，不妥。另想想还有没有其他的办法。"

孔尚任仍然自信地说：

"放心吧，衍圣公，我的办法，包您满意。"

孔毓圻苦笑着说：

"包我满意不行，根本上是要保证皇上龙颜大悦才行啊。不然，今天咱们可有得好看了。"

这时，取绸缎和笔墨的人小跑着赶来了，气喘吁吁地问孔尚任：

"大人，拿来了，下一步该怎么办？"

孔尚任指着旁边的一张桌子说：

"把那个桌案抬过来。"

仆人们赶紧抬过桌案，孔尚任打开黄色绸缎，比画了几下，让仆从们照着他画出的大小剪出一大块来。然后，把黄绸子铺在桌案上，毛笔满满地蘸好墨，提笔在黄绸缎的中间写了"先师"二字，然后，又拿起一张宣纸在上面轻轻地按了一下。吩咐下人们抬着写好字的绸缎走到墓碑前，比量了一下，把黄绸子系在了墓碑上的"文宣王"三个字上，原来的"大成至圣文宣王墓"就变成了"大成至圣先师墓"。

孔毓圻一看，两眼放光，喜形于色。要不是这么严肃的场面，他也许会跳起来称赞。他给孔尚任竖起大拇指，从心底佩服孔尚任的机智聪明果断。

康熙一见，也面带笑意，立即起身，走向了墓碑。缓缓地跪在孔子墓前的蒲垫上，行叩拜大礼。

第 20 章　监生博士

　　康熙的曲阜之行，让孔尚任的才华得到了施展，也使他终于走出了仕途的最重要一步。孔尚任的讲经和他给康熙的孔林陪览解说，得到了皇上的赞赏。康熙吩咐身边的侍臣"不拘定例，额外议用"，就给了孔尚任一个国子监博士的职位。按照清朝规定，像孔尚任这样用钱捐纳的"例监"是"不准升转正途"的。正因皇帝的一句话，孔尚任获得了一次难得的机会。

　　虽然渴望，当得到仕途之机的时候，孔尚任却有些不真实的感觉。他久久地坐在书房里，回忆着像梦一样度过的这些日子，感觉到命运的捉弄。努力用功得不到，只是侍候对了人，就一步登天。

　　进京之前，孔尚任向孔毓圻道别。作为孔家衍圣公，孔毓圻对孔尚任进京为官自然是高兴不已，何况孔尚任又是自己发现，并推荐给康熙的呢？他高兴地请孔尚任坐上座。孔尚任哪敢？

　　孔毓圻笑容满面地说：

"你现在出人头地了……"

孔尚任打断孔毓圻的话坚辞不坐：

"这可是咱们孔家的规矩。尚任知道，无论多么有出息也不能乱了礼法，这是孔氏家族几千年来树立起来的族规，谁都没有资格去破了它。"

孔毓圻满意地点点头：

"你说得对，不能得意忘形。"

两个人落座之后，孔毓圻对孔尚任说：

"你和尚鉁得到皇上的赏识进京为官，可是近几年来孔家少有的事。"

孔尚任连说：

"若是没有衍圣公的推荐，尚任恐怕一生就要在石门山闭门不出，与世隔绝了。现在的一切都是衍圣公给予的，尚任心存感念，永志不忘。"

孔毓圻欣赏孔尚任的知书达礼：

"言重了，每一个孔家弟子的成长都是孔氏家族的荣耀，哪里谈得上恩泽。说一千道一万，自身的修为是最重要的。如果你没有才华，就是把机会给你了，也会浪费的。皇上多么大的学问，他是识才的人，知道谁是真学问，他看出你这个被埋没的人才了，皇恩浩荡，要感谢的应当是他老人家。"

"尚任知恩感恩，衍圣公，尚任深知'千里马常有，而伯乐不常有'的道理。再大的本事，没人发现，没人举荐，也就没有机会表现。天大的本事，也得有个表现的机会。这就是衍圣公的大恩大德啊。"

孔毓圻笑着直摆手：

"咱们就别互相抬举了，我还有重要的事给你交代呢。我给你准备了一些东西，去了北京之后，先拜会一下国子监祭酒翁叔元先生。按照京城官场的常规，见面是要送上些心意的。翁大人家境贫寒，苦读进取，考上状元，承受皇恩厚德，为官清廉，他和你有些相似的地方。给他送心意，他不一定收，但意思要表达。我想，你的才学和你曲折的试举之路，他会对你刮目相看的。过些日子我也要进京去拜谢皇恩，面见皇帝，到时，也要去拜访一下翁大人。"

孔尚任一听很兴奋地说：

"噢，那就太好了。虽说知道去国子监任职，可还不知道会是个什么位置，有翁大人这样的志同道合者，一定会有合适的安排的。"

孔尚任的大儿子孔衍谱如今已经 13 岁了，小儿子孔衍志也已 11 岁，他有些担心两个人的教育，但妻子秦玉锦觉得有孔贞璠，有四氏学堂，他们俩的教育根本就不是问题，让孔尚任放心。其实，秦玉锦内心是有些依依不舍的。这些年来，两个人相敬如宾，恩爱有加，这一别不知何时才能相见。

秦玉锦说：

"两个孩子有孔家塾馆，你不用担心，只是，你一个人在外，要好好照顾自己。"

孔尚任说：

"等京城那边都稳定了，再把你们接去同住。你跟着我受苦了，我不能全身心地照顾你，还让你担惊受怕，难为你了。"

秦玉锦说：

"这是说哪里话，只要你好了，我们就好了。你若是不好，我们哪里谈得上好呢。"

孔尚任抚摸着两个儿子，嘱咐他们：

"听母亲的话，好好读书，知书达礼。"

孔尚任告诉妻子：

"一过正月十五就走，早些出发，路上还要有很长的时间，到达北京也得二月份了。"

一家人千言万语，难舍难分。

正月十八，孔尚任整理好行囊，骑着高头大马，带着足够的食物和用品出发了。孔毓圻带着孔家人十里相送，走了一程又一程，一直把孔尚任和孔尚鉝送到很远，直到看不到了，他们还在挥手告别。

国子监博士并不是多大的一个官儿，最多只是个八品之位。可是，孔尚任的这个八品小官职却不普通。国子监博士是个教职，为人之师，讲经传道。其次，孔尚任的国子监博士是皇帝亲自点任的，似乎有着更为特殊的意味。

孔尚任到达北京后，被安排住在了宣武门外海波巷（后改称海柏胡同）16号，后来孔尚任结交的大诗人王士禛，为他的居所题名为"岸堂"。正是在这里，孔尚任完成了他最重要的戏剧作品《小忽雷传奇》和《桃花扇传奇》。

海波巷的住所里有棵大石榴树，还有紫藤。一进院子，孔尚任就很高兴地盯着石榴树看了半天，他觉得这个院子似乎本来就是自己的，有一种久别重逢之感。石榴树下还摆放着一把太师椅，一切都显得那么自然而亲切。家仆们把行李与马匹安顿好，升起火来，烧了一壶开水，给孔尚任沏上一壶上好的乌龙茶。孔尚任就在石榴树下饮茶静坐。

一壶茶之后，孔尚任站了起来，他决定先去拜访一下国子监祭酒翁叔元。

翁叔元的职务"祭酒"就是国子监的最高长官，是个四品官职。有人跟他说，康熙点招才子孔尚任到国子监任职，把孔尚任主持皇帝祭孔大典的事也跟他说了，都夸赞孔尚任的学问、才识，他也对这位进京任职的钦点监生才子充满了好奇和期待。他想，新任的京外博士对北京不熟悉，还是亲自去看看，安排一下吃住，便带着手下前往海波巷的孔宅。

这里的住处也是翁叔元吩咐人找的。这里清静，离国子监也不太远。不过手下安置好这里的住处后，翁叔元并没有来看过。亲自去孔府看看，一是礼貌，二是如果不合适再换地方也来得及。

一个到孔宅去看望，一个要离开孔宅去拜访，两个人就在胡同口撞见了。孔尚任虽然没见过翁叔元，可是看到翁叔元一身官服，身前身后跟着一群人，就知道这是朝廷的大官。而翁叔元一见孔尚任马上就认出了他，那里正是他吩咐给孔尚任找的宅院。

他微笑着抱拳施礼：

"您可是孔先生？辛苦了！一路劳顿，先休息休息嘛，刚到这是去哪里？"

孔尚任连忙还礼道：

"正是晚生孔尚任。请问您是翁大人吗？"

翁叔元笑了，拱着手说：

"正是鄙人。"

孔尚任连连施鞠躬礼：

"给翁大人请安！翁大人亲自到敝宅，折煞小人了。"

翁叔元笑道：

"哪里哪里，我也是顺道看看，怕你一下车就急忙去国子监报到。

不用那么急。"

孔尚任请翁叔元进了宅院。翁叔元里里外外转了转，点点头说：

"这个宅子还不错，位置好，房子也不算旧，孔先生觉得如何？"

两人落座，孔尚任非常感动地说：

"我人还没到您就给我安排好了，真是感谢啊。我非常满意。"

说着话，孔尚任就把孔毓圻让他带来的礼物捧到桌前：

"翁大人，一点小意思，不成敬意，请您笑纳！"

翁叔元一看脸立即沉了下来，厉声说道：

"孔先生，这是干什么？！本来听说您是个经历坎坷、见过世面的人，怎么能做这样的事？被人知道了，怎么看？"

满脸羞红的孔尚任不敢直视翁叔元，支支吾吾地连忙解释道：

"也不值什么，就是想第一次见翁大人怎么也不能空手……这个……您要是……我就收起来。"

幸好，这时仆人端来了茶水挡在两人中间，缓和了一下气氛。仆人走后，翁叔元也缓和了脸色说：

"国子监的事情说多就多，说少就少。我想让你给这里的生员们讲讲课。听说孔先生给皇上讲过经书，皇上也满意，大家也都想听听孔先生的课。所以，就匆忙决定了讲课的事，在彝论堂西阶搭个讲坛，也没有跟你商量。孔先生不要怪罪啊。"

孔尚任心里很感激翁叔元转移了话题，不然，他都不知道如何下台了。

"哪里，多谢翁大人的安排！不过就是觉得，晚生学识浅薄，一进京就讲经，还都是各地来的深有学养的生员，世家子弟，是不是有点太唐突了？"

翁叔元又恢复了微笑：

"你就不要谦虚了，皇上都认可了，别人还敢说什么？咱们就这么定了！不仅要讲，而且要大讲，我把国子监生能到场的都集合起来，一起听你讲。能听听你的课，这是国子监生的荣耀啊。给皇上经说道的人，同样给他们上，这不是荣耀是什么？而且，等皇帝一高兴把你任命个其他官职，他们想听你的课都没有机会了。机会能抓住的就立即抓住。"

孔尚任不好意思地摇头道：

"翁大人说笑了，晚生的学问都是山林小民之术，上不了大雅之堂。"

翁叔元摆摆手：

"孔先生是孔子的第64代孙，虽数考不中，但你精研儒学、礼乐，孔子家学是有严密传统的，这个传统官方的国子监可不一定能得到真传。你吃透了孔学精义，你的儒学才是儒家之正宗。"

想到孔尚任从2月18日离开曲阜至2月28日到达京城走了十天的路，身体疲惫，翁叔元没有立即让孔尚任讲课，而是安排休息了数日。其间抽空把孔尚任介绍给国子监的同事和生员们，把国子监里里外外熟悉了一下。

彝论堂的空间又宽又高，给孔尚任搭起的讲坛就高高地立在殿堂西侧前面。对孔尚任的这次讲学，翁叔元非常重视。他让人通知所有的8族15省满汉国子生员，都必须到场听讲，不日已达数百人。各地学生都渴望听这位孔子64代孙的课，对孔尚任充满了期待。

开讲的这一天，全体生员，穿戴整齐，在孔尚任的讲台前先跪拜朝见，行拜师大礼。落座之后，翁叔元还大大夸赞了孔尚任的学问、为人，特别是强调了为康熙皇帝讲经引路、孔府解困和皇帝欣赏之事，说得生员们更是崇拜不已。

孔尚任的课自然没有让人失望，每每都有意外惊喜。讲完之后把讲义留下，由人抄写印刷，在下一次上课之时，分发给每个生员。一时间，生员们争相传阅，成为国子监一大盛事。

孔尚任连续在国子监讲授儒学经义，精彩的演讲得到了大家的认可，也引起了广泛关注。就连皇上也听说了孔尚任的课在国子监大受欢迎。

孔尚任在国子监讲学，处理分内之事一年多。一日，皇帝临朝时，突然有大臣奏报，苏北高邮、宝应、兴化、盐城、泰州一带，地处黄淮下游，连年洪水泛滥成灾，百姓水深火热，流离失所。水灾还严重影响漕运，江南各省征收的钱粮无法运往北京。虽有官吏在南方治水疏道，却效果不佳，河水依然泛滥成片。田地被淹，土地荒芜，灾区面积不断扩大，民不聊生，以至于匪患渐起。希望皇上派治水大臣前去。

皇上说：

"工部侍郎孙在丰随朕南巡之时，对那里的灾情有所了解，你可以去那里。朕去年到南方的确看到水灾严重，民难聊生。本想即刻派人前去，回京之后忙于边疆之事，竟然遗忘了。水灾去除，百姓才能安居乐业，水道贯通，漕运才可能顺畅，这是大事。孙在丰可去。"

孙在丰领命谢恩。不过也提出：

"治水是人命关天的大事，也是复杂多头之事，臣一人之力有限，如果再选一能干之人随同臣一同前往，齐心协力，定能奏效。"

康熙问：

"说得有理，你有合适人选吗？"

孙在丰想了想：

"臣现下尚没有想到。"

康熙突然笑了：

"我倒是想起一个人来，你看行不行？就是那个国子监博士孔尚任。你也是有所交往的。"

孙在丰一听也笑了：

"皇上明鉴！他的确是个合适的人选，他的能力很强也很有头脑，皇上在孔府祭拜之时臣就已经发现了，这是个人才，可随我前去。"

康熙说：

"让他给你当个副手，锻炼锻炼。你也帮朕进一步考察考察。"

孙在丰答道：

"是！遵旨。"

第 21 章　治河佐吏

出发前，康熙皇帝召见孙在丰和孔尚任等即将去南方治水的官员们。

康熙说：

"朕南巡之时，目睹洪水泛滥，田地淹没，房倒屋塌，百姓流离失所。大水成灾，恶人便乘机而起，意欲揭竿造反，与我大清江山为敌。民不安生则国无宁日，你们去那里把河患治好，不仅是利民之事，也是安邦大事。"

康熙说：

"朕任命孙在丰为工部侍郎，派你带孔尚任一起去治水，是有用意的。南方治水不利，除了水患太重之外，人患也是非常难除的。治水者不团结，意见不统一，各自为政，甚至有些人有懒政之意，致使一些本来可避免的灾患却发生了。这次派你们去，一是治水，二是治人。你们要团结，要齐心，要共赴灾难。我大清王朝治下的官应当有个官样，民要有民样，谁影响进程就拿下谁。"

孙在丰表示：

"请皇上放心，定要竭尽全力治水管人，一切都是为了王朝大业，百姓安居乐业，齐心合力。"

一路目睹灾情，一路看过民间疾苦，每个人的心里都不轻松。

孙在丰一行经过十几天的劳顿才达到兴化县。兴化地势低洼，是重灾区之一。兴化县令迎接钦差大臣，顺便向孙在丰诉苦灾情。举目四望这里河流交错，湖泊太多，不是海洋却处处水地，无处落脚。随后，孙在丰带着孔尚任到达高邮一带。后又改乘运河船只到达扬州。扬州风景秀丽，街市繁华，是文人墨客聚集之地。那时还看不出这里的灾情水患，一派繁荣富足景象。

不过，到达扬州后，孔尚任却有一种忧伤油然而生。美景唤起他对明朝的怀念。他联想到，扬州曾是南明之地，大明重臣史可法即在此地反清复明，抵抗清军的进攻，以至于殉难于此。而清兵曾在扬州大肆杀戮，多少明朝的遗民被屠杀，血雨腥风，多么沉重的亡国之痛啊！可是，身为清朝臣子，他又能如何？

孔尚任对治河事务很尽心，一方面，他认为自己的第一要务就是协助孙在丰治理好这里的河水；另一方面，他也的确为这里的灾情所急，虽然他没见过如此大的灾难和如此之多的受灾人群，但他是读书人，对灾难和灾难之后的事情是知道的。

按照孙在丰给孔尚任的安排，他先研究河水灾难的原因。他发现了灾难集中在河流的下游地区，越往下走灾情越严重，而最严重的地方就是淤泥阻塞河道最重的地区。治河之法不是把上游的河水拦截起来，筑坝围堵，而是要疏通河道，让河水顺畅流入江海。这是明摆着

第 21 章 治河佐吏

的，可是孔尚任有些想不通的是，难道就没人看出这个问题吗？

孔尚任找到孙在丰，提出自己的疑虑。

孙在丰说：

"我也是一路上想这个问题。走之前，皇上说这不是简单的天灾，很大程度上是人患，我没有想清楚。到了南方才看出来，这里的治河官吏，当地的县令，大小官员，都明白得很，治河之法，只有疏这一条路，而不是像现在这样去堵。为什么明知疏比堵更有效，却没人去疏导，只干错误的事？这是我想不明白的。"

"我们就不能直接解决这个问题吗？"

"可是，咱们之上还有治河总督啊，我们还要受到靳辅总督的制约，还不能擅自而为。"

孔尚任有些焦虑：

"可是，皇上派咱们来，不就是为了治理水灾的吗？"

孙在丰无奈地说：

"皇上派靳辅总督来也是为了治水，他来了这么长时间也没有解决什么问题啊。是他的问题，还是地方官的问题，现在还不清楚，但水患还是必得除去。"

"我是想到南方来干大事的，可是，空有一身的力气却使不出来，真是着急呀。"

孙在丰说：

"你也不用太焦躁，我们明天就要去和靳辅总督讨论治河之策，做好充分的准备，把我们的想法讲清楚。"

次日，由靳辅召集的治河会商会议召开。

孔尚任和孙在丰提出了疏堵结合的治河建议，希望在枯水季把上游的水闸关掉，在下游开挖河道，疏解河水。

靳辅脸色不悦，慢条斯理地说：

"上游的水闸好关，可若是上游发了大水，洪水冲破堤坝，不仅上游被淹，下游也会遭受更大的灾难呀。你们想过没有？南方不同于北方，下起雨来没完没了，土质疏松，说决堤就决堤，你们了解不了解？"

孙在丰说：

"再过十几天就入秋了，秋天一到，雨季也就过去了，大雨洪水的概率就少多了。我们在此前可以在上游一带先筑起水坝，只要不下太大的雨，能拦住就行。然后，关闸清淤，疏通水道。"

靳辅有些不屑地问：

"就算能够这样做，可是你算过吗，疏通下游水道需要多少资金，需要多少人力，需要多长时间吗？这可是个大工程，不是说一说就能做成的事。"

孙在丰不急不躁地说：

"回总督大人，我和下属是计算过的。工程的经费不是大问题，朝廷已经下拨的治河专款可以集中用在垒坝筑堤、疏通河道上，如果不够，再向朝廷申要，如果还不够，地方上也可以筹集一些……"

靳辅不耐烦地说：

"给当地增加负担吗？已经是民不聊生了，再去征费就要逼上梁山了。"

孙在丰强调：

"我不是说向百姓征费，而是从地方官府的库银中挤出一些来。"

靳辅立即带着斥责口气说：

"天真！你太不了解情况了。连年的灾害，地方经费早就捉襟见肘了，你还想从他们的口中抢食，民不反，官先反了！"

会议不欢而散。

孔尚任骑着马跟在孙在丰后面，沉闷地走着。他这时才感觉到事情的难度。他知道，孙在丰是不能强行做主的。可是，只要靳辅在，孙在丰又能做什么呢？如果在这里没有作为，他们来这里的目的又何在？

他们刚到临时河署，就有人报告说：

"钦差大人到！"

孙在丰一听似乎感觉到了某种希望：

"快快去接钦差大人！"

孔尚任随着孙在丰进入厅堂，钦差大人端坐在那里，正在饮茶。这是临时征用的当地一户财主的房子，很气派。孙在丰还没踏入厅堂就拱手向钦差大人问候：

"下官不知上差大人到来，有失远迎，恕罪恕罪！"

钦差大人起身还礼：

"哪里哪里，我们也是出个公差，知道工部侍郎治河忙碌，多等一会儿无妨。"

寒暄落座之后，钦差大人说：

"皇上对南方河水泛滥之事很关心，治河不力会让百姓受苦，也会影响到大清江山的稳固啊。这不，你们走之后，皇上就派我来这里督问治河之事，看已经到了什么程度，有什么困难需要朝廷支持的。孙大人您跟我说，我再回去上奏。"

孙在丰叹了口气，面露难色：

"唉，难哪！"

钦差关切地问：

"还是老问题？"

孙在丰知道钦差所说的"老问题"指的是康熙皇帝所说的"人患"。他点了点头：

"治水再难也只是个时间问题，可是……"

钦差说：

"孙侍郎，您就直接说，我回去直接上奏，没有解决不了的问题。不能一直这样下去呀。"

孙在丰为难地说：

"我是怕我的话传到靳总督那里会被认为是在告状，这样就会把关系弄得更复杂了。"

钦差小心地问：

"孙大人觉得还有更好的办法吗？"

孙在丰说：

"我的意思是，当面锣对面鼓，如果皇上恩准，我希望把靳总督等相关治河大小官吏集中在一起，面谈面辩，再由皇上作出明断，省得互相猜忌，互相不服。快快把意见统一起来，这才能尽快治水呀。"

钦差赞许：

"这倒是个办法，有什么话都说在当面，把问题也解决在当面，剩下的就是干了。那我回去就这样回奏。不过，我还要看一看具体的灾情，找人了解一下情况。"

孙在丰说：

"这个不难，只是，下官担心的是，现在马上就进入秋季，枯水期正是开挖河道的最佳时机，如果错过了，那明年照样还得泛滥成灾。河道下游一天不清，就存在一天危险。"

钦差说：

"这个，孙大人不用担心，我了解情况后，立即回京向皇上禀报。我想，很快也会召你们进京的。"

晚上，钦差大人突然出现在正在点灯筹划治河方案的孔尚任的住所。孔尚任颇感意外，请钦差进屋，钦差走进房间坐在桌案前：

"孔先生这是在忙什么？"

孔尚任让助手献茶后说：

"我正在筹划两件事，一是确定最关键的河道挖掘处。这一带有大面积的淤积堵塞，可是经费有限，可能一次完成不了。那就明年再干一次，先把最严重的地方疏通，然后等明年的枯水期一到，再挖剩下的。第二，如果施工开始，就得有数千民工进驻下游一带，安排他们吃住是大事，选好地址，准备搭建临时住所，备好饮食也是个大工程。"

钦差大臣点头称赞：

"孔先生想得周到严密，很像你做学问的态度。治河是关系到民生的大事，要精心筹划。不过，我今天想请孔大人陪我到街上去走走，看看夜景，散散步。我知道会打扰你，可是，你也不能总沉浸在这里不动呀，出去透透空气也是应当的嘛。"

孔尚任笑了笑拱拱手：

"遵命！大人。"

孔尚任陪钦差走在夜色中的江南河岸上。街上漆黑一片，死气沉沉。可是河上却游船如织，热闹非凡。船上悬挂明灯，软绵绵的歌声不绝于耳，饮酒作乐的吵闹声压过了河水拍打江岸的声音。

钦差大臣道：

"江南本是富庶之地，也是文人墨客聚集之所，如今水灾一起，民间一片萧条沉寂，而这水上不知愁滋味的富家子弟、权贵官员们，还在享受。真是两个世界，两重天哪！"

黑暗中，一顶大轿向岸边走来，轿前轿后还围着一群带刀护卫。河岸边停靠着一只大客船正在等待着轿子。轿子来到岸边停下，坐轿人从轿中走下，华服美饰。

钦差大人盯着从轿上下来的人问：

"孔先生可认得这位爷？"

孔尚任定睛一看，吃了一惊：

"是靳辅总督大人！"

钦差叹口气：

"我说这么大的威风呢！原来是治河总督大人。"

只见这时从船上迎出几个人来，边笑边施礼：

"大人！久候了。只等您了。"

说着，靳辅笑嘻嘻地摆摆手，被人搀扶着走上客船。船立即解绳启航，缓缓开动了。

孔尚任也认出了其中的几位，都是衙门里的官吏。他失望地看着靳辅的船只离岸。

钦差问：

"那几位你也都认识吧？回去后，麻烦你把这几位的名字和官职给我写下来。"

这个晚上孔尚任很难入眠。他翻来覆去想不明白，国家遭遇大难，百姓痛苦哀号，为什么这些大清官员还有心思享乐。孙在丰在向地方官吏们讨要治水费用时，个个都哭穷没钱办事，连办公经费都拿不出来了，可是，整日花天酒地，吃喝玩乐却不愁银两。这些钱是他们自己的吗？要是让他们自己掏钱，他们还来吗？

钦差大人在江南数日，微服暗访，了解了许多实情，然后也不打招呼直接回京复命。不日，京城传讯，皇上召治河总督靳辅、工部侍郎孙在丰、治河佐吏孔尚任等治河官员进京。

皇上召江南治河官吏们进京的主要目的是解决问题，并非问罪。

皇帝先问靳辅：

"靳爱卿，你在江南治水已经多年，虽然辛苦，可是朕以为收效不大，你们到底有没有法子？说说你们的想法和困难。"

"回皇上，臣以为江南水患主要是自然之因。一是近年南方多涝，大雨不断，造成洪水泛滥，土质松软，疏堵效果都不佳。其次，南方地势低洼之处较多，水网交错成片，一旦发生大水，无法泄洪，低处受灾严重，地势高处虽稍好，却也因降水不断而涝。"

康熙打断靳辅的话：

"这些自然原因朕都知道，那么有没有人的原因？"

靳辅不想引火烧身把话题转到自己身上来：

"臣以为，人为的原因就是治河官费数量少，供应不及时，造成无法施工，拖延工期。还有就是，水灾造成流民大增，青壮年都离乡背井，修坝劳力缺乏。修坝是大工程，没有足够的劳力是很难完成的。"

康熙问：

"那么你有没有治河的办法？"

"回皇上，就目前来看，臣以为，治河良策是堵。哪里出现险情就在哪里垒坝，加宽加厚现有的河堤河坝。上游泄洪，减弱上游灾情，下游垒坝堵截下游洪水走势。"

康熙想了想问：

"你现在是如何做的？"

"目前正是采取这种办法。"

"效果如何？在多大程度上控制了灾情？"

靳辅小心地答道：

"回皇上，治河并不是立竿见影的事，急不得，得需要时日，需要一步步地来。目前虽然还没有有效地控制水患，可也逐渐好转。"

康熙有些不高兴了：

"有好转？那是因为雨季过了。好了，朕想听听工部侍郎孙在丰的意见。孙在丰……"

孙在丰答：

"臣在！"

"你去南方治水也有个把月了，你觉得治河的良策是什么？"

孙在丰答：

"从尧舜禹时代治水就是疏堵结合的。臣在南方这些日子，巡视了各地灾情，也看了那些地方的治河方法，觉得有效的方法是疏。堵是治标，疏是治本。如果能够利用枯水期雨量减少，河道尚能顺利过水的时间，先在上游把河坝垒高，再把上游河闸关闭，使水不下泄，再把下游河道淤泥积物清理干净，使水道畅通无阻，来年再有洪水也就不会造成这么大的灾情。"

康熙问：

"这么大的工程劳力哪里来？"

"目前已经进入秋季，许多逃难的人都返乡了。有的开始整理田园，有的正在修缮房屋，把他们召集起来，数量很多。再者，臣以为可以动用一些兵丁加入。目前南方局势较为稳定，可以抽调少量兵力加入到治河大军中，增加力量。"

康熙点点头，表示对孙在丰的赞扬。然后问：

"靳大人，你以为孙侍郎的想法如何？"

靳辅撇了撇嘴：

"疏导有这么简单？臣以为这个方法不可行。"

"噢？你说说看，如何不可行？"

靳辅答：

"虽然目前雨水减少，可是并没有结束呀。一旦把上游的水闸关闭，一场大雨就会让百姓遭殃，比不治还要坏！"

孙在丰反驳说：

"臣的意思是先在上游垒坝，并不是断然关闸。目前在靳大人的指挥下，堤坝已经垒起来了一部分，我的意思是一方面调集兵力加快进度，另一方面同时关闸启动下游的疏导工程。同时展开，若是偶遇大雨，可以先开闸放水。但据臣查阅当地资料，南方秋季洪水的记录不多，也就是大雨在枯水期基本是没有的，要是万一出现，臣以为也不会比夏季的凶猛，是可以通过的。只要挺过冬天，明年就好了。"

靳辅嘲笑道：

"这都是猜测。当地资料是历史记载，历史记载的是已经发生的，不是将要发生的。今年的大洪水谁又想得到，不是就来了吗？你说如果有大雨也不会超过夏季，可是，要是真的超过了夏季，而且连绵不断了呢？你是能拿脑袋向皇上交差吗？"

皇上摆了摆手制止了靳辅的话：

"孔尚任！"

一旁站立的孔尚任立即答：

"臣在！"

"以你的见解，你觉得如何是好？"

孔尚任听了半天了，有些焦虑，声音也就比孙在丰略大一些。

"孙大人所说的计划是臣参与制订的，臣也是在考察了各地灾情，并了解了各官府银库、各地劳力和军队驻守情况提出的。臣以为，如果不这样去治河，明年若是遇洪水，灾难会比今年更为严重。治河要治根，臣以为，目前只有疏导的方式才能达到这个目的。"

康熙说：

"我看，你们也别争了，我来定。就按照孙在丰和孔尚任的方案吧。在我这里你们怎么争都无妨，可是，定下了，你们就得去干。你们要互相支持，各负其责，不能有分歧。否则，朕是要问罪的！"

孔尚任陪在孙在丰身边，行走在街上，轿子跟在后面。对于今天的结果孔尚任是满意的，他觉得皇帝支持了孙在丰一方的意见，而且还要求不折不扣地执行，下面的事就好办了。

孔尚任高兴地说：

"这下可以好好地干了，我们说服了皇上，工程可以顺利开工了。剩下的就是调集民工和兵力前来的时间问题了。"

孙在丰却高兴不起来。他背着手，沉默地走着，只是摇摇头，并没有说什么。孔尚任疑惑地问：

"先生难道还有什么没有解决的问题吗？"

孙在丰叹口气说：

"虽然在皇上面前靳大人再也没有提出什么反对之意，可是，因为是逆着他的意愿皇上下的旨意，我担心，他口服心不服，咱们真要做起来，未必就那么美好。他不给咱们使绊子就是万幸了。"

孔尚任说：

"难道他敢违背皇上旨意，还敢不关闸，不修坝，不安排吗？"

孙在丰无奈地说：

"我说，你得在官场上多锻炼几年，你还不知道有多复杂呀，你把事情想得太简单喽。"

从北京回来，一切似乎都按照计划进行着。正如孙在丰和孔尚任几个人所推测的那样，随着进入秋季雨水的大量减少，难民们纷纷返乡了。到处可以看到那些修理房屋、整顿家园、恢复生产的人们。这为修理河道提供了可能。劳力有了，为劳动者提供给养、后勤保障的人也有了，修坝清淤的队伍不断地向河岸聚集，只等一声令下，工程就能开工了。

孙在丰带着孔尚任到治河总督靳辅的衙门请求关闸施工。

靳辅却爱答不理地说：

"现在关闸还不是时候，人员没有完全到位就关闸是有危险的。"

孙在丰说：

"下游的民工都已经就位，要是迟迟不开工，这么多人吃饭怎么办？还有，大雨过后瘟疫容易流行，要是不干活，怕传染瘟疫。还有，久不开工，人心也会涣散……"

靳辅不耐烦地打断孙在丰：

"我是总指挥，你们只要待命就行了。"

孙在丰还想辩解，可是想了想，也就作罢。

走出治河总督宽大豪华的衙门，孙在丰有些懈怠：

"这样拖下去又如何是好？"

孔尚任也有些不解：

"尽快开工修好河道，国泰民安，对靳大人也不是什么坏事呀。我们一方面是为了工作，另一方面也是在帮助他建功立业呀。"

孙在丰说：

"你不懂，你看到的只是表面。靳大人有靳大人的打算。这个河道修好修不好对他来说一点都不重要，修好了他也不会升官晋级，修不好他也不可能损失什么，反而可能在这个过程中发财得利。"

孔尚任困惑地问：

"孙大人，我有些不明白。"

他们已经离开河督衙门很长一段距离了，可是还能老远地看到衙门高门大院阔绰的建筑群。

孙在丰停住脚步，回过头来指着那里说：

"你看了吗？一个小小的治河衙门就建得如此豪华气派，这里不仅是个办公之地，还是靳府，里面有大片的房屋供靳大人使用。他在这里就是皇帝，说一不二。官费都哪去了？这不明摆着吗？日日歌舞升平，花天酒地。可是，康熙皇帝还是舍不得丢掉这个大臣，还要用他治河。他是知道这些情况的，考虑到他是大清王朝的功臣、老臣，不愿意丢掉他，还给他事干，可他也得干呀！"

孔尚任这才明白孙在丰的苦恼：

"要是请求皇上调离他呢？哪怕就是给他提升个官职什么的，让他离开这里……"

孙在丰唉声叹气地说：

"唉，哪儿有什么位置给他？皇上不可能再给他提职了，他也就在这个位置上待着了。这个官不大不小，要是他不管事也行，咱们就可以放开手脚了。可他要是不管事，钱粮他使起来就不方便了，他还得管。都是自私之人，谁为大清着想啊，都是围绕着自己那点利益转。还与地方官吏勾结起来，吃着国家，喝着国家，不干事，这就是大清王朝的现状！"

孔尚任很无奈地说：

"这真是皇上不急太监急呀，咱们夹在中间，干又干不了，退又无处退，真是急死人哪！"

孙在丰和孔尚任并肩走在路上，不时有人跟他们打招呼。两个人默默无语。

孙在丰突然说：

"今天晚上到我那里，给你介绍几位名士认识。"

第 22 章　亡国遗臣

晚上，孔尚任如约到孙在丰住处。

他到的时候天已经黑下来了，孙宅灯火通明，热热闹闹。一些人围坐在一张大桌子前，谈笑风生，也有歌女在弹奏音乐。孔尚任已经很久没到过这样的场合了。

"孔先生！"

一个声音从室内传来，是孙在丰。他已经没有了白天那种忧国忧民的神态了，完全变成了文人骚客，轻松有趣。

见孔尚任来了，他迎出来，一手挽起孔尚任的手，笑眯眯地说：

"来来来，给你介绍几位志同道合的好友。"

孔尚任发现这里的人他一个都不认识，看上去都是儒生打扮，彬彬有礼，气宇轩昂。孙在丰笑呵呵地高声说：

"今天咱们是好友相聚，喝酒聊天，吟诗作对。来来来，给各位介绍一位朋友，孔子的第 64 代孙，儒学大学问家孔尚任，了不起的才子！"

室内的几位文人都惊异地看着孔尚任。孔尚任不好意思地说：

"哪里哪里！晚生只是个后学，称不上大学问。"

孙在丰给孔尚任引荐：

"这位是泰州黄云，大明江山丢掉以后就隐居不仕，是位有气节的人，令人敬佩！黄先生乃明朝末年的秀才，他的老师是陈素。明朝弘光时期，被奸贼马士英、阮大铖逮捕入狱。黄先生卖掉田产，到南京去营救，还住进狱中陪伴恩师陈素监押，重情重义。明亡之后，黄先生气节不减，隐居在家，清朝官府多次想请他出山任职，坚辞不仕，很令人敬重。节义之士！"

黄云拱拱手：

"过奖过奖！"

孙在丰又指着另一位年纪较大的人说：

"这位是大名鼎鼎的冒襄先生。冒襄先生目睹了大明弘光王朝兴亡始末。他可是复社'四公子'之一呀，耿直不阿，一身正气，令人敬佩！冒襄先生跟明朝名士侯朝宗和名妓李香君都是好友，是位有骨气重情义的君子。"

冒襄虽然年龄有些大了，可是说话底气充沛，声音洪亮，对着孔尚任拱手笑着说：

"已经是老朽喽！亡国之臣哪还有骨气可言！苟延残喘罢了。"

孙在丰又介绍说：

"这位是扬州杜浚，是位才华横溢之士，能诗能画，善交往，有气节。清朝攻入南京，杜先生就开始流亡了，目睹大明朝的天下成为大清朝，也是位亡国诗人啊。你要是读过杜浚的诗《灯船歌》就会明白国破家亡的感受了。不拿清朝俸，不做清朝官，生活穷困，是说书先生柳敬亭接济了他。令人赞叹啊！"

孔尚任深鞠一躬：

"先生的《灯船歌》我是读过的，早就想结识，可惜直到今天才得以相见。失敬，失敬！"

杜浚却摆了摆手：

"亡国之士，还有什么值得夸赞的，能够有三五个知己聊聊过往时光，谈谈诗书之事也就罢了。"

介绍完，孙在丰请大家落座，聊天谈诗写字。不时有下人送上食物美酒，可谓"诗人幸会更无前"。

这一夜让孔尚任重回读书时代，新结识的几位明朝亡国之人，都是无话不说、情投意合之人。尽欢而散。

次日，孔尚任早早赶到孙在丰的河署，前后左右找遍署衙却不见孙在丰了。孔尚任想，若是去河道巡察，孙先生是会叫上自己的，可是现在他不在了，连仆役个个都不在，似乎人去楼空。他走进署衙内院，那里就是昨天晚上聚会之所，也是孙在丰的临时住处，一个人也没有见到。这下，孔尚任有些慌了，孙大人到底去了哪里？

正在这时，外面进来一个人，孔尚任认识，就是县衙仆役。衙役手里拿着一封信，匆匆而来，见到孔尚任行礼道：

"孔先生，孙大人已经在二更时分就起身了。昨天下午孙大人就把这封信交给了我们县老爷，说天亮之后孔先生会来，让我等在外面把信交给您，可是县衙临时有事，我来晚了，请您原谅小人！"

说着，衙役把信恭敬地递给了孔尚任。孔尚任急忙接过信，然后问：

"孙大人没有说什么吗？他去哪里了，如何这么匆忙？"

"小人不知，都在信里吧。"

孔尚任说：

"你走吧。"

打开信一读，心里凉了半截。

原来，孙在丰昨晚设宴其实是告别之意。因为治河不力，康熙把孙在丰撤回京城了。但要求把孔尚任留下来，让他配合治河总督完成治河任务。

可是，孔尚任心里的话是，皇上糊涂呀！你不把靳辅撤回去，却撤孙在丰，这等于不管治河了。靳辅根本不可能有什么作为，还不能让别人发挥，他只有吃喝玩乐的精神，却没有忧国忧民的心情呀。

第 23 章　遗民旧事

　　孔尚任还是想把未完成的治河之事进行下去，就去拜访靳辅。可是，靳辅却闭门不见。衙役说：

　　"靳大人最近身体欠佳，不能会客。"

　　苦恼、悲伤、失意，一股脑儿都涌上心头。这让孔尚任想起了自己在石门山中的生活，还不如躲进山里研读经书、礼仪之学，传孔子之道，讲儒学精要。他真想也一走了之。可是，他又不能擅自回京城。

　　孔尚任突然闲下来了。无所事事不是孔尚任的性格，他需要有事做，有活儿干，可是，现在却什么都做不了。

　　过了几天闲散日子后，孔尚任决定去会会新结交的朋友们。他雇请了一艘小船，沿江而上，先到了扬州找到了落魄诗人杜浚。对于孔尚任的到访杜浚颇感意外，不过却很高兴。不久前的那次孙宅相聚，给他留下了深刻印象。见到孔尚任，杜浚就拉着他去酒馆，说要请孔尚任喝个痛快。

孔尚任却说：

"我雇了一艘小船已经备好酒菜，咱们到船上去饮酒谈诗多好。"

杜浚一听：

"太好了，孔先生真是个有心之人。"

两个人高高兴兴地并肩走向了江边小舟。照孔尚任的吩咐，船夫早早地准备好酒菜。船上有笔有纸，有酒有菜，可是，两人都惆怅。

孔尚任说：

"大明王朝如此强大，却在一夜之间亡了，怎么不让人意外？"

杜浚摇摇头：

"端起酒杯来，咱们喝酒！"

两个人满满地饮过一杯酒后，杜浚说：

"大明朝的亡国一点都不意外。大明王朝上上下下腐败无能，皇帝软弱，宦官专权，奸佞当道，用人不当，不亡才怪呢！"

杜浚的切肤之痛引起了孔尚任的同感，两个人都不由地怀念起故国往事。杜浚见多识广，了解许多明朝的逸闻、遗事，许多都是孔尚任没有听过的，这激起了他想写一写亡国之人故事的想法。

这次扬州之行，让孔尚任从治河的杂务中解脱出来。他想的是，反正也无事可做，倒不如再去拜访其他的好友。于是，他接连去拜访了冒襄、黄云、李沂等人，还邀请他们到自己下榻处聚会，饮酒作诗，无拘无束地畅谈。

冒襄所讲的明才子侯方域与李香君相识、结合、再团圆的旧事引起了孔尚任极大兴趣。侯方域、李香君都是冒襄的熟人，他讲起来也自然多有感慨。男女情事，与国家大事纠葛在一起，让两个有情人受尽坎坷痛苦，这恰似一个朝代的变迁兴败。

随后，孔尚任决定去明朝最早建都和最终亡国的都城南京看一看，寻找那些尚且在世的明朝老臣旧民。

1689 年初春，正是南京春暖花开的时候。孔尚任依旧雇用了一叶小舟，离开扬州去南京了。

一路上，孔尚任观河看柳，心情惆怅。秦淮河依旧，歌声依旧，可是已换了朝代。看景观人，睹物思情。这里是明朝才子佳人风流际会之所，歌馆舞榭，游船灯火点点，歌声沸杂。

冒襄老人突然来到孔尚任的江上小船，让孔尚任惊喜异常：

"您也在南京呀?! 要是知道您在，我就请您到船上饮酒作诗了。"

冒襄笑呵呵地说：

"我是个无事一身轻的人，既无须忧国也不必忧民，哪里有快乐的事，哪里就有我冒襄的身影。现在是天下人，走天下，走到哪儿就快活到哪儿。"

冒襄呷了口茶说：

"我听说你在南京找了许多遗老遗少，想听听大明亡国旧事，还为你的《桃花扇》找资料，你可真是固执啊。写出来，是不是会因此获罪？小老儿可要提醒你啊，这可是非同小可的大事。"

孔尚任很自信地说：

"我只是想写写侯方域和李香君的情事，不写反清复明的那些事，朝廷也就不会追究我的。"

冒襄摇摇头：

"写男女情事，能不波及政权更迭之事吗？侯方域是明朝的旧臣，他如何坐牢？坐的是哪个朝代的牢？这都是要让大清皇帝不高兴的事。侯方域到死不做清朝的官，只为明帝守残局。唉，是条好汉。可是又能怎么样呢？"

孔尚任沉默一会儿说：

"的确，我的用意是想借侯方域和李香君的离别之情写大明朝的亡国之痛。如果大清不理解我一个文人只是想写写这段历史，而绝没有推翻清朝政权之心，那孔某也就只好认倒霉了。"

冒襄突然说：

"我给你约了一位重要的人物，一定跟他见个面。你不是要了解明亡情景嘛，有一个人目睹了崇祯上吊，还被李自成放了一马，到史可法他们在南京拥立福王为弘光皇帝，建立南明，他都是亲历的人。"

孔尚任兴趣被撩起：

"他是谁？我认识吗？"

冒襄说：

"你不一定认识，他叫张怡，是大明朝的锦衣卫。当年也是位令人敬重的义士，现在流落在南京这个明朝开始的地方了。"

孔尚任问：

"我什么时候能够去拜访他？"

冒襄说：

"不用劳你驾了，我约他到小船上来。这里安静，岸上人多嘴杂，一旦被人听去了，还挺麻烦的。我先来跟你说一下，叫船工弄几条江鱼，炒上几个小菜，温上一壶小酒，咱们就在船上聊吧。他说不清楚的我来补充。"

孔尚任两眼放光，高兴地说：

"多谢先生！这么好的事，都被我赶上了。"

冒襄说：

"因为我们都知道你要干什么，所以想帮你就容易极了。只要帮你把《桃花扇》资料凑齐就是帮你创作作品了。"

孔尚任赶紧把船工叫来，请他重新弄一桌酒席上来，只等锦衣卫张怡的到来。

他向江面上望了一眼，此时，正是夜色中的秦淮河最热闹的时候，来来往往的游艇上灯火点点，歌笑声不断。

冒襄站在孔尚任的身边说：

"我们再向岸上移一移，估计他就要到了。"

小船移到岸边，船工把船拴好，进到舱内准备酒席。他们两个人站在船边向远处张望。黑暗中一顶轿子向岸边走来，冒襄高兴地说：

"他来了！"

轿子走近了，从轿子上下来一个身材魁梧强壮之人。冒襄在船上拱着手笑呵呵地说：

"张大人，一路辛苦了！我们在这里候着呐。"

听到冒襄的声音，张怡就向这边快步走来，边走边说：

"让冒大人久等了，失礼失礼！"

张怡声音洪亮，虽已过花甲之年，却健步如飞，一下子就跳上了船。冒襄拉着张怡的手说：

"张大人，这位就是我向你介绍过的孔尚任先生，孔子 64 代孙，是明朝遗臣后代，好学问。"

说着竖起大拇指。孔尚任上前施礼道：

"哪里哪里，徒有虚名。快请里面坐。"

三个人进到船舱内，坐在已经摆好菜肴的桌前。孔尚任有些不好意思地说：

"本来是想请两位大人到岸上的馆子去包个房间的，冒大人说，这里说话更方便，也就在这里委屈两位了。"

张怡大气地说：

"在哪儿都一样，这里不是更有情调吗？这里就是亡国故地，说起来身临其境，也算是怀怀旧吧。大明朝一去不复返，只有坐望这里的江水，倾听故国之声，把玩故朝夜色了。"

冒襄举起杯说：

"来来来，咱们先干上一杯，算是个见面之礼吧。"

三个人碰过杯之后，冒襄说：

"张大人是大名鼎鼎的明朝千户锦衣卫啊，对国家忠心耿耿，对皇上忠贞不贰。当年李自成攻进北京城，崇祯皇帝跑到煤山上吊后，有几人去哀悼他？祭奠他？而张大人却披麻戴孝，独自一人守护在崇祯墓前，尽臣子之忠心。就连反贼李自成都被感动了，不但没有抓他，还觉得其精神值得褒奖，把他给放了，让他自由活动。"

张怡无奈地摆摆手：

"唉，浑身是铁能碾几根钉？大明朝不还是完了吗？"

孔尚任问：

"张大人，您是什么时候回到南京旧都的？"

张怡说：

"别提了，我当时就离开了北京城，一路走走停停用了半年的时间回到了南京。一路上看到田园失耕，战争不断，血雨腥风，又不能为国尽忠，心如刀绞啊。"

冒襄说：

"好在史可法将军在南京扶立了弘光皇帝，张大人就投奔了南明皇帝，依然是锦衣卫。忠心职守，死心塌地。"

张怡懊恼地说：

"我算什么锦衣卫?! 本事再大，也没有拦住那些奴才们误国害国呀。皇上身边尽用了马士英、阮大铖这些不良之人。听信谗言，陷害忠良，国家已经破败到仅能勉强守住南方小地这样的绝境了，还在残害无辜，明朝不亡才怪呢。但凡有那么一点点清醒大脑，也不至于这么快灭亡！"

孔尚任给张怡斟好酒：

"清兵攻入南京城后，您去了哪里？"

冒襄替张怡答：

"张大人隐居到了南京郊外的栖霞山白云庵，不跟任何人来往，我是在白云庵里偶遇张大人的。本来，张大人连我都不想认，可是我多次去庵里找，我说，我一个将死之人，已无任何价值，只是想找个大明遗民聊一聊，解解心愁。"

张怡对着冒襄直道歉：

"真是对不起冒先生啊，我那时事事不顺，看得太多的无耻黑暗，又是国破家亡，无处可逃，心里压抑，不想见人。还是没有从世俗的纠缠中解脱出来，没想开。"

冒襄竖起大拇指赞叹：

"这让我更对张大人的节操佩服！你不与人交往，就是不与清朝有瓜葛联系，有气节！来，干一杯！"

乘舟回到扬州的时候，已经是次日上午。孔尚任刚到住处，就有人禀报，吏部有信使到了，请求面见孔大人。孔尚任盼望着京城消息，他连连说：

"快请快请！"

信使风尘仆仆，施过礼之后，递上吏部官信。

孔尚任打开一看，是吏部召孔尚任回京复职的命令。这个新的命令让他有些意外，他想得到的并非是这样的消息，来的时候他的确有些不情愿，可是，在这里生活了四年之后，却觉得很有感情。他在京城仅任职一年，而在这里有四年时间。也就是说，至今为止，孔尚任为官的主要时间都是在南方一带度过的，与这里的山水乡亲已经有了深厚的感情。

不过，既然吏部已经召自己回京，也就只好听命。不久便告别朋友乡亲回京了。

第 24 章　形单影孤

1690 年（康熙二十九年）2 月，孔尚任一踏上北京的大路就感到一阵寒冷。这跟他五年前到京城赴任时的季节一样，那时，春风得意，情绪也畅快，看到什么都新鲜而亲切。那时，在京城没有家，却感觉回家了。可是，现在呢，虽然依然是那片天、那片地，虽然有家在那里等着自己，却感觉陌生了。再也没有春天即将到来的感觉，反而觉得冷、孤独、怅然。

路上行人稀少，四下里的草丛上、屋檐上残存着雪的痕迹。马蹄声在黄昏后的淡淡夜色里显得很刺耳。他拉紧了大衣，四下里看着，没什么人走动，远处偶尔跑过车辆，让这个城市略显生气。

宣武的海波巷更是清冷。胡同口几棵干枯的槐树在微风中摇摆叹息，连个路人都不见。

推开 16 号的家门，孔尚任看到的是落满树叶的院子，那棵大石榴树上还坠着些残存的果实，有几只鸟在啄食，地上也落了几颗石榴。

孔尚任推开中堂的门扉，一股冷风迎面吹来。走进去，轻轻拂去尘土，端坐到桌边，呆呆发愣。

回京后，孔尚任首先就想面见皇帝，当面复命治河之事。可是，他请求多次，却没有被安排进宫。日思夜想，如何做些大事，为大清朝廷尽职尽责，如今却成了一个大闲人。

这天，孔尚任去散步，出门时并未想自己要到哪里去，就漫无目的地走着。在海波巷口他见到一顶大轿从巷口走过，有官兵护卫，前呼后拥，他加快脚步想避开这顶官轿。可是，他刚想躲开，轿帘便打开了，里面探出头来，轿上人微笑着朝孔尚任招手。孔尚任觉得很面生，便有些莫名地也朝轿上之人拱了拱手。轿上的人却下了轿子，笑眯眯地朝他走过来。

走近了，那人朝孔尚任拱手道：

"您是孔尚任孔先生吧？国子监博士。"

孔尚任迷惑地望着那人点点头：

"正是在下，您是哪位？"

那人哈哈大笑说：

"我是王士祯啊，兵部督捕侍郎。早就听说你了，国子监来了位大学问家，孔子64代孙孔尚任，可是还没有来得及去拜访，你就离京去当治河吏了。这么多年都不见你再回来，想必是大功告成，回京复命来了吧？"

孔尚任鞠躬施礼：

"原来是王大人，晚生失礼了！您名满天下，大诗人，早就想慕名拜访，可是又怕唐突，没想到在这里遇到。大人若是不忙，还请到家里一坐。容许小可献上杯淡茶。"

王士祯微笑着摆摆手：

"应皇帝召见，要上朝了，等有空再相会。知道你住在海波巷，每每经过时都张望一下，今天居然在这里遇到了，真是机缘巧合，改日到府上拜访。孔先生这是去哪里？"

孔尚任叹了口气：

"唉，闲来无事，随便走走。"

王士祯似乎看出了孔尚任的惆怅，便建议道：

"我看，你可以去琉璃厂转转，向北就是了，到那里你就不会烦恼了。"

孔尚任说：

"几年前我也听说过琉璃厂是文人墨客聚集之地，还有古玩字画什么的，听您的建议，就去那里转转。"

王士祯上了轿子，对孔尚任说：

"我也常去那里，还有崇仁寺，都是好去处，说不定还会遇到些志同道合的人呢。"

王士祯离开后，孔尚任就沿着马路向北走。走了好一会儿，抬头看到了虎坊桥，往西边冷冷清清的菜市口望了一眼，继续向前走，就看到了琉璃厂一带熙熙攘攘的人群了。

天凉凉的，穿着厚棉袄都有些冷。孔尚任两手抄在袖子里，踱步进入了琉璃厂。这里很热闹，字画、古董摆了一地，孔尚任偶尔在摊前停下，拿起一些物件看着，把玩着，商贩看他有兴趣就极力推荐。他本来没想在这里买什么，身上也没带多少银两，只是笑笑，便放下了。

正走着，一个人惊喜地叫着：

"这不是孔先生吗?!"

孔尚任离京四年,在京城的朋友并无多少联系,更不用说新人,他谨慎地问:

"先生,恕我眼拙,您是……"

那个人说:

"我叫顾彩,是个搞戏的人。听说您跟贾凫西先生、柳敬亭先生都是好友,早就想结识您。"

孔尚任听到顾彩提到这两个他所敬佩之人的名字,一颗心放了下来:

"贾凫西是家父的好友,是我的启蒙老师,我受他的影响很大。他会说书,有骨气,可惜落魄一生,魂归乡里。"

顾彩也叹息:

"好人总是难得好归宿,奸佞之徒却总能得势。世有不公,人难生存。"

孔尚任又说:

"柳敬亭先生还算幸运,在南方得以自由,说书糊口,广交文友,也算是纵横天下了。哎,顾先生您也是个说书人吗?怎么,您提的这两位前辈都是说书者。"

顾彩笑了:

"在我认识您也认识的人中,恐怕就是这两位跟您和我都有关联,这才提起了。要不怎么结识您?"

说着,孔尚任也笑了:

"不过,我最近对说书也发生了兴趣,说不定哪一天官场混不下去了,就去街上说书为生了,像我的恩师贾凫西一样。"

顾彩连连摇头：

"您前途无量，还是要走官道的，只是把写戏作诗说书这些事当作个业余喜好也就罢了。"

孔尚任叹息说：

"唉，从南方归来就成了大闲人，无官事可做，就来琉璃厂这里闲逛。谈何前途？苟且吧。"

顾彩说：

"您的处境我略知一二。不过，东方不亮西方亮，官路不通，走私道，吟诗作画怡情，说书唱戏明志，玩玩儿古玩养心性，不亦乐乎？您来琉璃厂来对了，这里有不少罕见的字画物件，我陪着您转转？"

孔尚任是头一次来这里，的确需要个熟悉情况的人引导：

"那就打扰您了。"

顾彩说：

"哪里哪里，我也是到这里转的，想写个新戏却没有题材。今天遇到您了，可真是幸运，说不定咱们还能合作呢。"

两个人边说话，边观瞧，走走停停，说说笑笑，甚是开心。

正走着，顾彩突然眼前一亮，指着一个怀里抱着乐器的人说：

"孔先生，咱们可遇到好东西了！"

看上去，抱琴者是个书生，手上的乐器像个琵琶，却只有两根弦，琴上插着根草根儿，表明这是要售卖的物件。

孔尚任问：

"哎，那是个什么东西？"

顾彩说：

"孔先生，那可是把忽雷呀，世上罕见之物！"

"忽雷?!"

孔尚任大吃一惊，这种乐器他在古书上见过的，不仅有文字，也有图画在上面，是一种类似琵琶的弹拨乐器。古书上解释，忽雷又叫"胡琴""二弦"，是一种在马上弹奏的乐器。在《文献通考》里把这种乐器称作"忽雷琵琶""龙首琵琶"，是唐代盛行的乐器，后来就基本失传了。

两个人快步走到卖家面前，卖家把乐器递给了孔尚任。孔尚任仔细地查看着，抚摸着。琴身光滑细腻，透着高贵和典雅。他小心地细细抚摸着琴身，越看越喜欢，轻轻地拨弄一下琴弦，声音柔美悦耳。孔尚任是个礼乐高手，不仅懂音律，还会弹奏乐器。这把忽雷被他抱在怀里，就舍不得放下了。

顾彩一边观察孔尚任抱着的这把忽雷一边说：

"忽雷是唐代传下来的一种乐器，我是只闻其名不见其器，今天终得相见，真是名不虚传呀。据说，唐朝有两把忽雷，大的叫大忽雷，小的叫小忽雷。在唐代段安节的《乐府杂录》和北宋时期的钱易《南部新书》里有记载。说是唐建中元年（780年），宰相韩滉奉命出使四川，在骆谷偶得一坚实、贵重之奇木，请来名匠制成两把琴，名为大忽雷、小忽雷，奉献给唐朝皇帝德宗李适。皇帝痴爱其器，终日把玩抚弄不断。不过越是珍贵之物，越容易遗失。唐朝宦官专权，小人得势，'甘露之变'，宫内大乱，血洗宫廷，那两把大小忽雷就不见了。是流落到了民间，还是被某些官员私藏就不得而知。现在这把不知是不是真品，是大忽雷，还是小忽雷。"

把玩了一会儿，孔尚任越来越喜欢，就说：

"这即使不是真品，也是把极高的仿品了。"

他拿在手上，不断地把玩端详，问：

"这是从哪里得来的？"

那人却神神秘秘、吞吞吐吐地不说。顾彩见状就对卖家说：

"这位是国子监的博士，是礼乐行家，说个实价吧。"

孔尚任再也不舍得把忽雷放下了，他说：

"我没有带银两，这样吧，你跟我去家里取钱，多少我都要了！"

顾彩笑着说：

"他要是出个天价，你可是给不起的。"

第 25 章　京城忽雷

顾彩也随着孔尚任回到了海波巷。

因为有了人，有了一把新奇的乐器，海波巷 16 号顿时就有了生气。孔尚任吩咐家仆煮茶倒水，高高兴兴地坐在厅堂之上。家仆们见主人心情好，自己也高兴起来，不断地出出进进侍候着。

自从这把忽雷到了孔尚任手里，没有半刻放下过，他是真爱。孔尚任爱不释手地抚弄着，调了音调，试着弹奏起来。虽然孔尚任对这种乐器比较陌生，但他对琵琶并不陌生，就按着琵琶弹奏的方式试着弹了一曲。

曲毕，顾彩击掌称道：

"先生真是个行家！这么一件古乐器您也能弹奏出声音来，还这样好听，真让人吃惊。"

孔尚任边爱惜地擦拭着乐器边问顾彩：

"顾先生，您说这个应当是大忽雷呢，还是小忽雷？"

顾彩分析说：

"小忽雷的可能性比较大。在民间有一段传说，很动人，说的就是小忽雷的命运。如果传说是真的，那么，小忽雷出现的可能最大。"

"噢？"

孔尚任颇感兴趣地说：

"说来听听。"

顾彩说：

"唐朝'甘露之变'的时候，皇宫里有个叫郑中丞的才女，擅弹琵琶，又通经史，能诗会画，非常得皇上恩宠。宰相韩滉把大小忽雷都献给了皇帝，皇帝就让郑中丞经常弹奏那把小忽雷，可是后来小忽雷的匙头坏了，被人送到崇仁坊的赵家去修理。唐文宗就叫人拿来那把大忽雷叫郑中丞弹奏。可是，那一天不知是因为大忽雷音调低沉，还是因为那天郑中丞心情不好啊，她弹奏的曲子悲苦凄凉，把文宗皇帝惹怒，命太监把郑中丞勒死丢到河里去。唉，那么一位多才多艺的宫女就被皇帝一句话要了命！"

孔尚任追问：

"郑中丞死了吗？后来的小忽雷又怎样了？"

顾彩说：

"郑中丞被扔到了河里，本来以为就命丧黄泉了，可是，吉人自有天佑！恰巧那时，有个叫梁厚本的官人，正偷偷地溜出宫来，蹲在河边钓鱼。远远地就看见河上漂来件大包裹，梁厚本就叫来许多人把那包裹打捞上来，发现里面有具女尸。一摸，尸体还有温度，人还没有断气儿，就给她灌米粥，喝汤药，过了不久竟苏醒过来了。"

孔尚任说：

"这个有点不合理呀,人死以后身体是沉的,扔到河里就沉底了,哪还能漂上来?"

顾彩就说:

"民间传说嘛,都是盼着好人有好报,怎么符合想象就怎么说了,反正史书上也有记载,说得也差不多。"

孔尚任问:

"你还没有说到这个故事和小忽雷的关系呢。"

顾彩就笑了:

"看来您对郑中丞的命运很关心呀。这么说吧,郑中丞被梁厚本救了。郑中丞美丽动人,娇小可爱,梁厚本就想娶了这位才女做小妾。郑中丞答应了梁厚本,却提出了一个条件,就是要把小忽雷找回来,她才能嫁给他。郑中丞告诉梁厚本说,小忽雷就在崇仁坊赵家修理着呢,给些钱就要回来了。那修小忽雷的赵家也知道了宫中的事变,知道这乐器本是皇帝喜欢的东西,就向梁厚本索要了很多钱。无奈,梁厚本为了能够迎娶郑中丞就以重金把小忽雷赎回。"

孔尚任问:

"小忽雷后来被弹奏过吗?"

顾彩说:

"郑中丞见到梁厚本真的把自己心爱的乐器赎回来了,喜出望外。她情不自禁,日日抚琴弹奏,曲调感天动地,闻之动容。可是,有一天梁厚本突然紧张地跑回来说,有人向宫里报告说,听到了小忽雷乐声,怀疑有人偷走了它,宫里正派人查找呢,千万不能白天弹奏,否则,花了大价钱赎来的乐器不但被宫里抢去,弄不好连脑袋都保不住了。这消息把郑中丞吓坏了,向梁厚本保证再也不弹了。"

孔尚任也嗟吁感叹：

"命运曲折，惊天动地啊，这小忽雷又不能重见天日了。藏起来，也比让宫廷抢去的好。后来呢？"

顾彩说：

"唉，这郑中丞实在太想弹这把心爱的琴了，只忍了那么十多天，她又开始弹奏起来。不过，只是在晚上才偷偷地拿出来，躲在内室里轻轻弹奏。琴命如人命，郑中丞酷爱这小忽雷，不仅仅是因为小忽雷本身好看好听，更重要的是，郑中丞看到琴就想到了自己，琴的命运不正如自己的命运吗？郑中丞有时把小忽雷抱在怀里静静地流泪，有时还自言自语地哭泣：'琴啊！琴啊！人们说，偷生鬼子常畏人，我和你是同样的命运啊！'"

"是啊。"

孔尚任被郑中丞的故事感染了：

"人生就是琴生，大明朝失落的那些忠臣良相的命运也是琴之命啊！"

顾彩又接着说：

"日子久了，关于宫中查小忽雷的消息再也没有了，这两口子的胆子也就大了起来。那是在一个傍晚吧，郑中丞和梁厚本就在院子里摆下酒席，边聊天边饮酒，很高兴。郑中丞就说，咱们把小忽雷拿到院子里来弹弹吧。梁厚本也想，这么久也不见宫里有什么行动，应当没事了，就同意在院子里弹小忽雷了。他们住的地方，周围都是朝廷的命官。就在他们弹得高兴的时候，恰巧一位住在附近的宫中黄门侍郎因为放鸽子从墙外经过，就听到了小忽雷的声音。这黄门官在宫里听过郑中丞用小忽雷弹奏的这首曲子。他大惊失色地推开了梁厚本的家门，就看到了郑中丞和那把小忽雷。"

孔尚任说：

"就看这位官爷居心如何了，他可以当善人也可以当恶人。"

顾彩沮丧地说：

"他不想当善人！他只想当忠臣。梁厚本一看他进来了，吓得面如土色啊，跪在地上就叩头，求这位黄门官放过他们。黄门官却不理梁厚本，盯着郑中丞问：你还活着?！然后转身就走，直奔皇宫而去。这梁厚本也没了主意，这可怎么办?！这是要掉脑袋的，这是要满门抄斩的呀。郑中丞反而不怕了，她对梁厚本说，我是已经死过一回的人了，没有什么可以让我再害怕了。只可惜让你受我的连累。然后，郑中丞对梁厚本说，你要是能跑就快点跑吧。可是我想，咱们这里离皇宫很近，你也跑不了。梁厚本是真给吓坏了，他就蹲在地上抱着头不说话了。"

孔尚任也沮丧地说：

"他们也太大意了，怎么能到院子里来弹琴呢。"

顾彩突然说：

"可是，他们的好运来了！那位黄门侍郎跑到宫中把事情当面报告给了皇帝，本想邀功请赏的。可是，唐文宗听了，却大喜过望。皇帝下令把郑中丞处死之后，就后悔了，仅仅因为郑中丞弹的曲子不合自己的心意就命人把她勒死，这也太残暴了。似乎这位皇帝还不想当暴君，就命人去把郑中丞夫妇请到宫中来，当面给了他们赏赐，还给梁厚本安排了新的官位。"

孔尚任吐出一口气：

"总算是个圆满的结局。"

顾彩提议：

"孔先生咱们合作把这个事写成戏如何？"

孔尚任眼前一亮：

"好哇！这个故事很适合写成一部戏来演，我又有了这把珍贵的小忽雷，哎，咱们这戏就叫《小忽雷传奇》如何？"

顾彩拍掌点头：

"大大赞成，太好了！"

孔尚任的寓所成了两个人创作的新天地。孔尚任的剧本很快完成了，顾彩谱上曲谱，两个人就开始练习，边弹边改，不久就成熟了。

顾彩找了戏班子，经过精心排练决定在湖广会馆的戏楼演出。京城很久都没有新戏上演了，《小忽雷传奇》一出现就引来了众多戏迷的捧场，连演数场不衰。一时间，文人、坊间都谈论《小忽雷传奇》。

孔尚任原本寂寞孤独的小院子，也常常热闹起来。他请家仆衙役们认真打扫厅堂院落，又购得一些新家具，添置些许物品，饮酒作诗。

孔尚任给大诗人王士祯送去了请柬，请他到梨园部的太平园去看《小忽雷传奇》，他是特意安排在太平园给王士祯演一个专场。

王士祯任兵部督捕侍郎，平日空闲时间少，而自从上次在海波巷外偶遇王士祯之后，孔尚任一直就想与王士祯交往。并非是因为想巴结权贵，王士祯的官职是正三品的大官，孔尚任是个八品小吏，本无什么瓜葛，以孔尚任的性格，他又不可能主动结交这些权贵。可是王士祯本质上是个文人，谦和友善，特别喜欢与京城文人名流结交。王士祯自己的诗就写得很好，是享誉京城的诗人，同时又与孔尚任同为山东老乡，虽然王士祯官位高，却常常不以身份与人来往。王士祯深得孔尚任的敬佩，他请戏班在太平园设了这个专场。

孔尚任是个有心之人，他估算着戏演的时间，让家人准备了晚宴。孔尚任亲自上门给王士禛敬献请柬，说明戏后有家宴，并请王侍郎邀约合适人等一起看戏，一起饮酒作诗。

王士禛对孔尚任想得如此周到很高兴，他说：

"借机我给你介绍一些京城的文人骚客，都是大才子。"

太平园的戏台没有湖广会馆的大，却布置豪华气派，适合唱堂会。王士禛邀请的客人早就听说了孔尚任的大名，不过，也都知道孔尚任有点孤僻，不愿与人交往。这次由王士禛出面邀请，大家都觉得面子大，早早地来到戏园子。孔尚任站在门外，一个个地拜识。这些京城名流，特别是有些诗人，孔尚任早就熟悉他们的名字，诗作也读过，很敬佩，这次一见，有如旧友重逢。

王士禛的轿子一落地，孔尚任就抢步上前给王大人施礼。王士禛一把拉起孔尚任的手笑呵呵地走进剧院。已经进场的观众见王士禛进来，都站起身给王大人施礼。王士禛朗声笑着，拱着手转着圈地给客人们还礼。

王士禛刚一落座，锣鼓点就响了，戏开始了。

《小忽雷传奇》没有按照顾彩给孔尚任讲的郑中丞故事写，也没有按照史书上的记载来写。孔尚任把两者进行了重新组合，创造了新的背景和新的人物。

戏中的女主人公叫"盈盈"，盈盈的身份也由宫中的乐师，变成了郑注的妹妹。而郑注是一个喜欢巴结权贵、不知廉耻的投机分子。剧中的梁厚本也不是宋朝钱易所著《南部新书》里那个"权相旧吏梁厚本"，而是唐朝宫廷赫赫有名的宦官梁守谦的侄子，还是政治掮客梁正言的亲弟弟。而梁厚本却是个才华横溢的诗人，是被大诗人李白

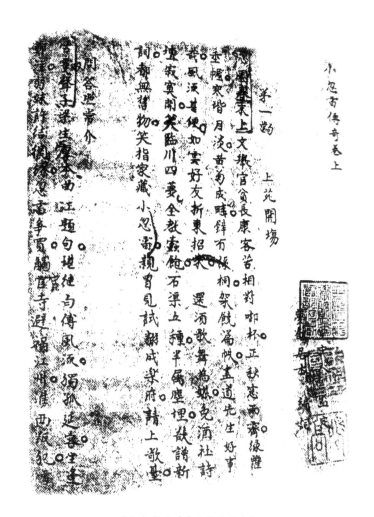

《小忽雷传奇》（康熙抄本）

看好的文武兼备的青年才子。这是一个重新创作的剧本。

故事讲的是，唐朝中期，有个叫郑注的小吏为了巴结梁厚本这个在宫中得势的权贵，主动把妹妹郑盈盈许配给了梁厚本。梁厚本娶盈盈为妻，郎才女貌，两个人感情深厚，这本是一桩美满的好事。可是，不久，梁厚本在与宫中强势宦官仇士良的争斗中失势，郑注为了巴结新的政治势力，决定把盈盈改嫁给仇士良的侄子，盈盈坚决不肯，对梁厚本忠贞不贰，并以死相抗。郑注为了让盈盈屈服，用苦役折磨她，让她日夜看守炼丹炉。就在郑注想尽办法要让盈盈屈从的时候，宫中传来筛选秀女的消息。郑注又做梦想当皇亲国戚，要把盈盈推举为秀女。选秀工作恰由仇士良主管，郑注找到仇士良恳求他想办法把盈盈选上。仇士良与郑注合谋选盈盈为秀女，强行把盈盈送入宫中。

盈盈入宫后，在润娘的精心调教下，慢慢展露出音乐才华，成了一名色艺俱佳的琵琶演奏者，尤其擅长弹奏小忽雷。在给唐文宗演奏的时候，深得皇帝喜爱。皇上一高兴就把盈盈封为"中丞"，这是一个官职。盈盈借皇上喜欢自己的机会提出，请皇上将来安排自己出宫做事，并请皇上承诺让自己与丈夫梁厚本团圆。唐文宗一一答应。

可是，宦官仇士良却对盈盈另有打算。当他发现唐文宗喜欢盈盈的时候，他决定把盈盈献给皇上。盈盈怒不可遏地挥起小忽雷朝仇士良打去，打破了仇士良的头颅。仇士良狼狈而去，怀恨在心。

很快，郑注发动了"甘露"宫廷政变，却被皇帝镇压了。因为盈盈是郑注的妹妹，受到牵连。仇士良在皇上面前狠狠地奏了一本，皇上把对郑注的怒火迁移到了盈盈身上。仇士良趁机向皇上建议，把盈盈勒死，丢到护城河去。

故事的结局就是梁厚本河边钓鱼，得捞尸身，救活盈盈。夫妻重逢，忽雷归主，皇帝赐婚。

虽是个大团圆的结局，却曲折坎坷，一波三折，惊心动魄。观者无不动容嗟叹。虽写的是唐朝宫廷之事，却与当下大清王朝之事无二，许多情节都颇为相似。演出获得了成功。

戏毕，大家向孔尚任祝贺，夸奖戏写得好，演得好，是部值得推广的作品。

次日，王士祯上朝时，向康熙帝推荐了孔尚任的《小忽雷传奇》。

康熙颇感意外：

"咦，孔尚任回京这么长时间都没有见朕了，我还在想，他在干什么呢，原来在写戏啊。"

王士祯大赞《小忽雷传奇》说：

"皇上若是龙体安好，国事间隙可看，写唐朝宫廷之事，情深意切，是部好戏呀。"

康熙笑了：

"能入王大人法眼的好东西不多，既然你推荐，定是错不了。那就调到宫里来演一场吧。正好连日繁忙，朕想换换大脑，就在漱芳斋戏台演吧。"

王士祯一听大喜：

"谢皇上恩准！"

皇上要看《小忽雷传奇》就不能由民间戏班子唱了。很快，宫廷御用戏班把孔尚任的剧本拿来，重新排练，数日成。

漱芳斋是个大戏台，始建于明朝永乐十八年（1420年），是紫禁城最大的单层戏台。只有过年过节的时候才启用。大戏台是皇帝奖励有功之臣陪自己看戏时才用的，人多，场面大，舞台也大。通常皇帝是不用这么大的地方看戏的，听皇上说要用漱芳斋看戏，就知道皇上要款待文武百官一起看大戏了。

很快，戏楼打扫干净，戏班排练完毕，一场大戏拉开了帷幕。

康熙亲点孔尚任、王士祯陪坐一旁。

康熙问孔尚任：

"回京有一年多了吧？怎么不来朝见？"

孔尚任立即跪到皇上面前奏道：

"臣不敢！臣数次请求面见，可能皇上太忙，没有被安排。请皇上恕罪！"

康熙皱了皱眉头：

"噢？你奏本，没有安排？朕不知呀。起来吧。"

孔尚任起身恭恭敬敬地坐在一边答：

"是，皇上。"

康熙问：

"还在国子监当教授？官阶几品？"

孔尚任答：

"臣还在国子监当博士，是八品文官。"

这时有司礼官向皇上奏问：

"是否开戏？"

皇上挥了挥手，台上立即响起了锣鼓点。

第 26 章　运交华盖

海波巷里，春意盎然。大槐树郁郁葱葱，街巷内的小花绿蔓也爬上了墙头，油油的充满了生机。这条普通的京城胡同似乎变得愉快起来。孔宅门外高高地挑起了灯笼，大门两侧是两副对联。几位家丁喜滋滋地立在门外，偶尔有顶轿子停下，他们会上前热情欢迎。

孔宅有喜事了。

吏部传旨，任命孔尚任为户部福建清吏司主事，这是个六品官职。户部是清朝六大机构之一，是掌管户口田赋的重要机构。换句话说，户部是掌管财政大权的机构，按照官场的说法，这是个"肥缺"。而"福建清吏司"是户部设置的 14 个清吏司之一。掌管直隶、福建两个省的钱粮和天津的海税，直隶杂项开支，并掌管赈济事务及官房。这个官职自然要比一个八品的国子监博士闲职好得多，薪俸增加，权力大增。

孔尚任回到家里，把消息告诉妻子秦玉锦时，妻子眼泪汪汪地说：

"你的白发都长出来了，才等到这个六品官职，真是不容易啊。"

孔尚任怜惜地说：

"不容易的是你。我今年48岁了，年近半百，虽小有成绩，却艰难为业。如果不是你在背后支持着我，我哪里能有今天？虽然六品之职也算不得什么大官，可是总比闲职强。"

秦玉锦抹干了眼泪笑着说：

"那咱们庆贺一下吧。"

孔尚任也笑了：

"是该庆祝一下，今年也是我进京为官十年了。"

秦玉锦惊讶地说：

"呀！都十年了？真是快。"

孔尚任说：

"邀几个好友，唱一出新戏，写几首好诗，谱几首好曲。"

正说着，传来门丁高声的传话声：

"王大人到！"

孔尚任连忙跑出去迎接王士祯：

"给王大人请安！"

王士祯笑呵呵地走进了院子：

"你的《小忽雷传奇》让皇上赞不绝口，还说，你要是有了新戏还要在宫里演呢。"

"皇上错爱，戏写得不好，还是演得好，宫里的角儿，功夫深。"

王士祯一屁股坐在大石榴树下的太师椅上，孔尚任也坐了下来。仆人们赶紧献茶。

王士祯对孔尚任说：

"既然写出了《小忽雷传奇》，何不再写个《大忽雷传奇》？"

孔尚任摇摇头笑着说：

"这个《小忽雷传奇》已经叫我很吃力了，再写个大忽雷怎么可能？而且，顾彩先生已经离京远去潮阳，没人和我一起合作了。就是戏文写出来，谁来谱曲？"

王士祯想了想说：

"这是两个问题，我一个个给你说说。我读过《南部新书》《乐府杂录》，其中都提到了大忽雷。你说你写起来吃力，我想不是体力上的吧？那么，有这个材料，你的故事就不缺了。而且你若是能够把大忽雷也写一写，这不就完美了？第二个问题，谁给你谱曲？"

正说到这，一个陌生人被引到孔尚任面前：

"老爷，这位先生说是找您来了。"

王士祯一看笑了：

"不是找孔先生的，是找我的，不过，也是找孔先生的。"

孔尚任有些迷惑地望着王士祯：

"怎么这么复杂？"

王士祯哈哈大笑地说：

"一点儿都不复杂！我不是正在给你解决第二个问题吗？就是你和谁合作的问题，这不，说曹操曹操就到了！我给你请来了位大才子，也是我的好友王寿熙先生。"

王寿熙连忙施礼：

"见过孔先生，孔先生在京城大名鼎鼎，《小忽雷传奇》誉满京城，晚生早就想拜访孔先生，今日才得见，幸会，幸会！"

王寿熙落座之后，王士祯介绍说：

"寿熙先生擅长曲词，写过许多曲谱，我想因为顾彩先生的离开你可能会遇到困难，就特意把他给请来了。他的技术可不一般，在京城也是小有名气的，你可以和他合作写《大忽雷传奇》。你写戏词，寿熙先生来谱曲，一定会成功的！"

孔尚任惊喜地给王寿熙施礼：

"多谢寿熙先生！这下可好了，想不写都不行了。"

王士祯击案而赞：

"《大忽雷传奇》呼之欲出！"

《大忽雷传奇》写的是唐朝诗人陈子昂怀才不遇，心中郁闷，到首都长安去寻出路。路边遇一位老人，头顶胡琴，手持草标高声叫卖。陈子昂一下就认出老人手里的乐器是名扬天下的大忽雷，是晋朝谢仁祖亲手所制。陈子昂花重金将其买下。可是，陈子昂并不会弹奏。有人问陈子昂，为什么花这么多钱买下这件乐器？陈子昂说，我一生精力都用于弹奏胡琴，只是到目前为止还没有一件称心如意的乐器，今天终于得到了这件大忽雷，这是"求凤得侣"，终于找到佳配。大家都认为，大忽雷给了这位真正的弹奏者，也是物有所值了，希望陈子昂演奏一曲。可陈子昂却说，这么贵重的乐器，并不是随便在哪里都可以弹奏的。邀请大家都到他住的地方去听，特别邀请名人有愿意听大忽雷的都去，越多越好，并且他要在住所备下酒席佳肴，供大家听曲赏乐时享用。

随后，长安名流，包括有"初唐四杰"之称的王勃、杨炯、卢照邻、骆宾王都来到了陈子昂住所。大家欢声笑语，只等陈子昂弹奏神奇的大忽雷。陈子昂抱着乐器端坐众人之前，大家都聚精会神地等待陈子昂开奏。他却长叹一声说，弹琴奏乐不过是伶工贱技，上不了大雅之堂，留着这么个无用的大忽雷有何用处？举起大忽雷使劲向面前的石头砸去，顿时乐器粉碎。大家被陈子昂的举动弄迷惑了，叹息着就要离开。就在这时，陈子昂却拿出了自己花费功夫所写的文集送给在座的客人，恳请他们一观。大家略一翻阅便觉是上品佳作，啧啧称赞。"初唐四杰"甚至觉得自己的作品都远不如陈子昂。从此，这个怀才不遇的大才子为世人所知。

像创作《小忽雷传奇》时一样，孔尚任与王寿熙日日在孔宅弹奏、试谱、改词，渐渐地把《大忽雷传奇》写成。自从孔尚任被提升官职以后，他在家的时间不多，天天很晚才回宅邸，为了不影响家人休息就在前院的小房间里创作，不日成就。

目前流传下来的《大忽雷传奇》不是完整的剧本，只有《买胡琴》《碎胡琴》两出戏。显然，从这出残存的剧作来看，要比《小忽雷传奇》逊色得多，在表现内容和戏剧结构、人物塑造等方面都比较弱。

但是，由王寿熙谱上曲之后，这部戏在文人中却大大流行起来。

忽一日，孔尚任正在忙于公务之时，有人慌忙到户部衙署急报，说是有内侍大人奉皇上旨意传诏。孔尚任放下手里的活儿，急急去接旨。

内侍已经等在官衙内院里，孔尚任施礼说：

"不知大人到来，下官有失远迎，恕罪，恕罪！"

内侍大臣笑着说：

"孔大人，好事来了。皇上御驾亲征，到宁夏平定了噶尔丹叛乱。回京后，太和殿也建成了。皇上大悦，要把好事分让大家，决定大赦天下，给功臣御史加官晋爵，封号授勋，孔大人也在此列，特派我来宣旨。"

然后，内侍大臣正色高声道：

"户部福建清吏司主事孔尚任听旨！"

孔尚任立即双膝跪倒，叩头，高声应答：

"臣接旨！"

当孔尚任回到海波巷时，已经傍晚时分。轻轻推开大门，夫人正等在院里，他笑嘻嘻地说：

"有好事了。"

孔尚任举着手里的圣旨，对秦玉锦说：

"今天皇上下诏，授我为'承德郎'，这是多么大的荣耀。"

还没等孔尚任展开圣旨给夫人看，就听外面有马蹄声，很快走进一个人来，孔尚任一看，是刚刚在户部宣旨的内侍大臣。孔尚任立即施礼：

"大人！"

内侍微笑着说：

"好事成双！还有一份需要在您府上宣读的诏书，是皇上封授秦氏夫人的玉诏，请夫人接旨。"

秦玉锦感到太突然，她不知道是怎么回事，愣磕磕站在原地不知如何，转脸向孔尚任求助。

孔尚任激动地拉着秦玉锦的手说：

"快跪下接旨！是皇上他老人家给你加封称号的旨意。"

秦玉锦慌忙和孔尚任一起跪在内侍大臣面前接旨。

内侍高兴地说：

"这下两全其美了，好啊，好啊，夫妻同受吾皇恩泽，孔先生大有前程！"

说着转身向外走去。孔尚任连连感谢：

"多谢大人！大人您慢走！"

孔尚任转身惊喜地对秦玉锦说：

"皇上封你为'安人'，咱们孔氏家族又多了一份荣耀。夫人，从今天起，你就是皇授'安人'了，光宗耀祖，承续孔家烟火，功德无量！"

"这真是赶早不如赶巧，孔先生要大摆宴席了，可喜可贺！"一个声音从门口传来。

孔尚任顺着声音望去，惊喜地看到，原来是自己的老搭档顾彩！

第 27 章　桃花情扇

这是 1699 年（康熙三十八年）炎热的京城。夜色笼罩着海波巷 16 号的孔宅，偶有知了在鸣叫。

孤灯下，孔尚任在沉思。有一搭无一搭地偶尔挥动一下扇子，又间或提笔写上几句。放下又拿起，有时还叹息。他把十多年来一直在暗中创作的《桃花扇传奇》拿出来，修改完善着。

京城做官，江南任职，落寞故地，那些明朝亡臣遗民之事，让他夜不能眠。他搜集的大量明臣遗事都让他不由自主地写呀写，即使在创作大小忽雷传奇的时候，都没有让他忘记这个戏。经历 10 年了，他已经是年过半百之人，他想完成这部让他一直念念不忘的作品。

孔尚任所写的《桃花扇传奇》并非是一部单纯的男女情事之作，而是一部"借离别之情，写亡国之感"演绎大明王朝亡故的传奇。

明思宗崇祯末年，"明末四公子"之一的侯方域来南京参加科举考试，落第未归，寓居莫愁湖畔。经杨龙友介绍结识李香君，两人一见

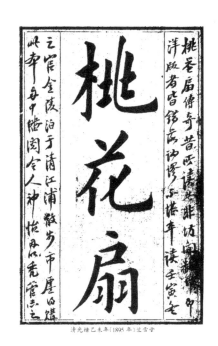

1895年（清光绪乙未年）
兰雪堂版本《桃花扇》

钟情，相交甚欢。于是，侯方域在一把宫扇上题七言绝句一首："夹道朱楼一径斜，王孙初御富平车。青溪尽是辛夷树，不及东风桃李花。"赠给香君，以此作为信物。

此时明朝政权已经被"满清"推翻，大批不愿做清朝官、有气节的明朝遗臣聚集在南京。这里比较有名的就是"复社"，他们一方面主张反清复明，另一方面对明朝奸臣佞党进行抨击。特别是"复社"的"四公子"，其中就包括侯方域，对曾权倾一时的明朝阉党深恶痛绝。已经失势的魏忠贤余党阮大铖想巴结复社成员，趁侯方域与李香君和婚之时，托杨龙友送去贵重礼品，欲以此与复社成员缓和关系。虽侯方域被说动，李香君却怒斥阮大铖的无耻，不许侯方域接受礼物，与这些阉党余孽有来往。

马士英、阮大铖在南京拥立福王登基，改年号为"弘光"，以此小政权与"满清"王朝对抗。马士英、阮大铖这些人控制着南明朝政大权，排挤东林、复社等明朝遗臣。明朝大将左良玉对弘光皇帝身边的阉党专权痛恨不已，率兵逼近南京要"清君侧"，朝廷恐慌。侯方域写信劝阻左良玉不要兵临城下，却被阮大铖抓住把柄，诬陷侯方域暗通叛军。皇上发怒，命官兵捉拿侯方域。侯方域只得告别李香君逃往扬州，投奔抗清名将史可法。见侯方域逃离南京，阮大铖为了巴结漕抚田仰就想逼迫李香君嫁给田仰。李香君虽是风尘女子，却明辨是非，坚定守贞，绝不相从，一头撞到楼板之上，血溅定情扇。杨龙友将扇面血迹画为桃花图，成为"桃花扇"。不得已，鸨母李贞丽替代李香君嫁到田府。

阮大铖向弘光皇帝呈献《燕子笺》，皇帝要宫内侍女排练。阮大铖又建议皇帝到民间征召秦淮歌女、妓女、清客进行演练，皇帝采纳。并立即传下圣旨，秦淮歌女、妓女、清客"不得遗漏一名"，都要参与选拔，而李香君也在此列。李香君痛骂马士英、阮大铖等奸党。李香君被打后，回到青楼，托琴师苏昆生把桃花扇送给侯方域，以示贞洁。李香君出家去了白云庵，侯方域思念李香君心切，偷偷潜回南京探望，却被阮大铖发现，被捕入狱。

此后，清朝军队渡过长江，将明朝最后一个政权消灭。南明皇帝弘光逃亡，马士英、阮大铖等也都逃离南京，侯方域方才得以出狱。经过坎坷曲折，最终在白云庵找到了李香君。不过，相见之后，并没有结成夫妇，而是在张道士的点拨之下，两人都出家了。

《桃花扇》在写到侯方域和李香君相见，倾诉衷肠之时，张道士却把桃花扇一把扯碎，厉声断喝："呵呸！两个痴虫，你看国在哪里？家在哪里？君在哪里？父在哪里？偏是这点花月情根，割它不断吗？"一下将两个怀有家国情怀的有情人惊醒，成为剧作的点睛之笔。

顾彩已经等不及孔尚任全部写完了，孔尚任写完一点他就要一点，一边读一边谱曲。他被剧情所感染，有时哭有时笑，有时拍案叫绝，有时激动地跑到孔宅对孔尚任说：

"你如何把家国情仇写得如此波澜曲折，引人入胜？此乃我看到的最绝的剧本。好好好！"

孔尚任却有些不自信：

"顾先生，您这是跟我客气吧？有什么不当的地方一定指出，让我及时改动。"

顾彩催促着孔尚任：

"你酝酿十年之久，时间也太长了！快呀，我在等着你的大作谱曲，还有丁继之这样的名角也等着排演呢。"

孔尚任惊讶地问：

"噢，演员都找好了？"

"可不吗？好角等好戏。我跟丁继之先生是多年好友，他看了几出之后，也是激动得不得了，想尽快搬上戏台呢。"

除夕，北京热闹非凡，天一亮就有爆竹声了。从临近年底的时候人们就互相送岁金，走亲访友了。

上午，孔尚任还在不断修改着《桃花扇传奇》。现任的户部侍郎是李柟，前一天在衙门时李柟就跟孔尚任说：

"明天是除夕，您就不用来了，在家准备准备过年之物，一年了，也该好好休息休息了。"

孔尚任笑着说：

"多谢李大人！"

李柟低声问孔尚任：

"孔先生，您的《桃花扇传奇》也该写完了吧？我可是急不可待地等着读啊。"

孔尚任拱着手说：

"李大人，咱们都是自己人，实不相瞒，我还是有些不放心，还得再沉一沉才敢示人。"

李枏有些焦急地说：

"您先借我一阅，过年嘛也没有什么好干的，读一读你的书，不是挺好的吗？"

李枏不等孔尚任答话就以不容拒绝的口气说：

"下午我派个衙役到府上去取。"

说完，李枏转身就走了。孔尚任笑着摇了摇头，无奈地叹口气。

户部左侍郎李枏和孔尚任不是一般的关系，他既是孔尚任的上司，也是他的好友李清的儿子。李枏父亲曾任明朝弘光王朝大理寺丞，是明朝的老臣，也是孔尚任的好友。不过，李清已经去世，其子李枏在大清朝户部衙门任了侍郎，意外地成了孔尚任的上司。孔尚任曾在李枏父亲的映碧园住过，跟他们一家人都很熟。不过，这层关系是无人知晓的。孔尚任所写的《桃花扇传奇》正是以南明弘光朝代的灭亡为背景，李枏特别想知道孔尚任是如何表现自己的父亲所经历的那段历史。

下午一到，就有人到孔宅来了：

"我们李大人说，给您奉上'岁金'，向您拜个早年，要小的们把孔先生的大作《桃花扇》取回一份抄录。"

孔尚任想了想说：

"也好，我趁过年也休息休息。就先把这个不成熟的剧本给李大人过目，请务必跟李大人说，请他老人家提提意见，直接在剧本上划出来哪有不妥就可以，大人改完了，我再誊抄清楚，再给你们去抄写。"

没想到，到了年初二，孔尚任到王士祯府上拜年的时候，王士祯半开玩笑半认真地说：

"孔先生，您是怕我们偷了你的戏不成？我老人家向你讨要《桃花扇传奇》，你说还没有写完，可是，户部李大人却传抄两份了。你看……"

王士祯顺手从桌案上取过一叠厚厚的纸张：

"我从他那里借来一份，也已经抄出两份了。不过，写得真好！故事感人，诗文写得漂亮。"

孔尚任很吃惊，有些不好意思地说：

"的确没有完善好，李大人向小人要剧本的时候，小人与取剧本的仆役是有交代的，只是让李大人提提意见，可是没有想到他倒是把这个不成东西的东西抄了两份。"

王士祯笑了，他告诉孔尚任：

"何止抄了两份！他已经找来戏班子，在家里排演呢！说要在正月十五正式演出，还邀请我去看戏，他可真是个急性子呀。"

孔尚任惊得目瞪口呆：

"可谱子还没完成呢，顾先生正在写。"

王士祯说：

"谱子已经从顾彩那里拿到了，已经写完了，你就等着看好戏吧！"

第 28 章　惹怒康熙

1700 年（康熙三十九年）3 月，又是一个春天。

《桃花扇》在京城的演出热潮依然，如火如荼。剧本更是被誊抄传阅。孔尚任一举成名。

推脱不掉好友们的邀请，孔尚任几乎天天泡在剧场里陪着大家看戏。朋友向他敬酒，感谢他给大家带来这么好的戏。演员向他道谢，没有孔尚任他们就没有机会出人头地。观众缠着他题诗、签字，因为他们看到了多年不见的好戏大戏。一切都表明孔尚任成功了。

这一日，他刚到户部衙门，就有宫内官员向他宣布新的任命，任命他为户部广东清吏司员外郎。这相当于五品官级，这是孔尚任久盼之位，如今也如愿了。

当天，孔尚任在海波巷里设家宴，邀请好友庆贺。

王士祯说：

"孔先生的戏一鸣惊人，一剧响京城。这回又升官晋级，是得好

暖红室版本《桃花扇》

好庆祝一下。《桃花扇传奇》可以传下去，是个经典之作。"

朋友们向孔尚任祝贺，家人们也幸福地享受着这难得的幸福，苦尽甘来，一切都没有白费。

门丁进来禀告：

"宫中内侍大人到。"

孔尚任慌忙去拜见。行礼寒暄过后，内侍对孔尚任说：

"皇上听说你的《桃花扇传奇》誉满京城，专门召下官前来索要一份剧本御览。"

孔尚任一脸焦虑地说：

"回大人，小人手上已经没有剧本了，都被借去，得等小人去索要来。"

内侍遗憾地说：

"那就只好等你要回来再说了。不过，皇上说了，他马上就要，一定不能过了今天晚上。"

孔尚任保证说：

"不会的，我一定在今晚之前奉上。"

孔尚任转身到厅堂内对王士祯说：

"王大人，皇上要看《桃花扇传奇》的剧本，王大人手上有没有？"

王士祯遗憾地说：

"呀，我虽然让下人们抄了几份，可是，都被别人借去了。手上一份也没有了。"

孔尚任又问孙在丰：

"孙大人，您能不能救救急，皇上要得紧呐，不能过夜。"

孙在丰也为难地说：

"哎呀，我那里也没有了，都是让人借去了。"

孙在丰突然想到：

"哎，顾彩先生那里肯定有啊，因为他一直在修改谱子。要是没有剧本，就谱不了曲子，他肯定会留一份在手上。"

孔尚任一听：

"对，顾彩那里肯定会有。"

他立即写了封短信给顾彩，命家仆速速去顾先生那里找剧本。家仆离开之后，大家继续酒宴。

可是，一直等到酒宴散去，也没等来找剧本的家仆。

正在着急的时候，家仆满头大汗地回来了：

"顾彩先生那里也没有！他让我到李柟大人那里去，说他今天从李大人那里出来的时候还见过李大人手上有剧本。小人就去李大人府上去索要，因李大人家比较远，所以就耽误时间了。"

孔尚任安慰家仆：

"不要紧，拿到了吗？"

家仆像取宝贝一样，小心翼翼地从怀里拿出了剧本：

"老爷，拿到了，李大人用布包起来的，没有损坏。"

孔尚任很欣赏李柟的细心，他小心地接过来，打开布包，一本完整的《桃花扇》呈现在面前。

他吩咐家仆：

"快准备轿子，我要马上到宫里去。"

他从宫里回来的时候，已经半夜了。

随后，《桃花扇》继续在京城上演、传阅，孔尚任也到新的衙门"户部广东清吏司"上任。日子就这样顺利地过着。

给康熙皇帝呈上《桃花扇》剧本之后，一直没有任何反馈。忽然有一天内侍官到，向孔尚任传达皇上口谕。

孔尚任跪接口谕。

内侍一脸平静地说：

"皇上圣谕，宣户部广东清吏司员外郎孔尚任进宫见驾，不得有误。"

没有从内侍的声音中判断出是吉还是凶，孔尚任有些忐忑不安地叩谢：

"接旨！"

他多么希望这位经常给他带来好消息的内侍大臣能给他一点点吉凶暗示啊。不过，是福不是祸，是祸躲不过，只得硬着头皮去觐见康熙了。

孔尚任换好了朝服，扣上顶官帽，坐上轿子匆匆地到皇宫见皇上。

到达皇宫时，内侍官让他等着，说皇帝一会儿就到。他已经隐隐地感觉是他的《桃花扇》惹了麻烦。

孔尚任立在殿阶下，等待着康熙出现。诚惶诚恐地低着头，他不知道皇上对《桃花扇传奇》在多大程度上不悦，会不会被贬官杀头？也不知道如何面对康熙，如何解释康熙可能提出的种种责备。

这时，身后传来脚步声，他不敢回头张望，只是静静地站在原地等待康熙上殿。可是，脚步声停在了他的身后，他回头一看，正是康熙脸色难看地站在那里，吓得孔尚任面如土色，慌忙跪在地上，连连叩头：

"臣罪该万死！"

康熙脸色阴沉地看了一眼跪在地上的孔尚任，挥了挥手里的《桃花扇传奇》剧本，说了声：

"孔先生，笔下留情啊！"

孔尚任跪在地上脸色煞白，浑身发抖，不住地叩头，不知如何回答康熙的话。康熙说完转身离开，孔尚任却跪在大殿久久不起，脑子一片空白。

第 29 章　东归阙里

次日，一些不明就里的朋友又来孔宅祝贺称赞。可是，孔尚任已经病倒在床，无法见客。秦玉锦替孔尚任接待客人，说今天老爷身体欠安，让我来招待客人。客人们见状也就讪讪地走了。

忽传，内侍大人来了。孔尚任从床上爬起来，在家仆的搀扶下缓缓走出房间。内侍一脸的严肃，迈着方步，目光冷峻地在孔宅院子里扫视着。

孔尚任立即向内侍大人施礼道：

"下官孔尚任不知大人前来，有失远迎……"

内侍慢慢打开圣谕，再也不像从前那样热情地看孔尚任，头也不抬地说：

"孔尚任听旨！"

孔尚任立即跪在地上：

"臣接旨！"

内侍大声念道:

"皇上圣谕:革去孔尚任户部广东清吏司员外郎之职。"

说完,内侍转身向外走去。孔尚任叩谢皇恩,叩谢内侍大人。可他的声音还没落,内侍已经走出了院门。秦玉锦愣在那里,孔尚任反而镇静了,或许早晚会有这么一天的,没有砍头就是幸事了。

秦玉锦两眼含泪地问:

"到底是因为什么?"

孔尚任站在院子里,仰头看了看天说:

"还不是因为《桃花扇》。"

很快,孔尚任被革职罢官的消息传开了。《桃花扇》突然一下子在京城消失了,没人再去演它,也没有人再传抄、阅读,也不敢公开议论了。似乎一切从来就没有发生过。

孔尚任在海波巷里住了一段时间,虽偶有好友前来饮酒谈天,却越来越稀少。

一次,好友李塨和万季野到海波巷与孔尚任饮酒对谈,孔尚任叹息说:

"有朝一日,皇上他老人家若是开恩再用我,就得小心,不能再这样张扬了。"

李塨说:

"孔先生你是不太了解官场的事。皇帝革你的职并不是他一人一时之念,而是背后有人奏本。"

孔尚任惊讶地望着李塨。

李塨说:

"当局者迷啊!"

万季野说：

"革职是最轻的，你若不是孔子后代，恐怕脑袋都保不住的。"

李塨低声地说：

"孔先生，说句知心话，你得离开京城了。不然，新的麻烦会找上门来的。"

不久，海波巷16号住不下去了，官府通知他搬家，他只得暂时搬到玉河岸边去住。最终孔尚任不得不于1703年（康熙四十二年）带着全家回到曲阜老家，重新回到青年时期曾经隐居的石门山。这一年，他55周岁。

因为官时孔尚任清廉刚正，并没有任何积蓄，晚年过得很贫寒。

1718年（康熙五十七年）正月元宵节那天，一代戏剧大师孔尚任贫病交加，病逝在他的石门山寓所中，享年70周岁。

孔尚任（1648—1718）孔林墓碑

孔尚任生平简表

清顺治五年，即明永历二年（1648 年）9 月 17 日，出生于山东曲阜。

清顺治十七年，即明永历十四年（1660 年），12 周岁。进入孔孟颜曾四氏学堂读书。

康熙六年（1667 年），19 周岁。成为秀才。

康熙十七年（1678 年），30 周岁。乡试未中。游曲阜石门山，隐居于此。写成《桃花扇》初稿。

康熙二十年（1681 年），33 周岁。捐纳国子监生。

康熙二十一年（1682 年），34 周岁。应衍圣公孔毓圻之邀，操办其妻丧事。

康熙二十二年（1683 年），35 周岁。修订《孔子世家谱》。

康熙二十三年（1684 年），36 周岁。修订《孔子世家谱》《阙里志》。训练礼生、乐舞生，监造礼乐祭器。11 月 18 日，康熙南巡归途中抵达曲阜行祭孔大礼，游孔庙、孔林，拜孔墓，孔尚任为其讲经、导览，受到皇帝称赞。康熙称赞孔尚任的经讲"经筵讲官不及也"，并命"不拘定例，额外议用"。12月1日，吏部授孔尚任为国子监博士。

康熙二十四年（1685年），37周岁。1月进京，入国子监任博士，官级八品。2月在国子监开坛讲经，数百国子监生员听讲。

康熙二十五年（1686年），38周岁。7月，奉命随工部侍郎孙在丰到淮扬，治理河道。

康熙二十六年（1687年），39周岁。8月，改写《桃花扇》二稿。

康熙二十九年（1690年），42周岁。2月回京，任国子监博士。

康熙三十年（1691年），43周岁。秋，购得唐代小忽雷。

康熙三十三年（1694年），46周岁。7月，与顾彩合作创作《小忽雷传奇》。

康熙三十四年（1695年），47周岁。春，被提升为户部福建清吏司主事，官至六品。

康熙三十八年（1699年），51周岁。《桃花扇》三易其稿，终稿完成。

康熙三十九年（1700年），52周岁。3月初，晋升为户部广东清吏司员外郎，五品官级。3月中旬，被革职。

康熙四十一年（1702年），54周岁。冬，从京城回老家曲阜，隐居石门山。

康熙四十六年（1707年），59周岁。赴平阳帮助修撰《平阳府志》。

康熙五十一年（1712年），64周岁。赴莱州帮助修撰《莱州府志》。

康熙五十七年（1718 年），70 周岁。正月十五日，病逝于曲阜石门山。

主要参考文献

1. 徐振贵. 孔尚任全集辑校注评［M］. 济南：齐鲁书社，2004.

2. 徐振贵. 孔尚任评传［M］. 济南：山东大学出版社，1991.

3. 曲春礼. 孔尚任传［M］. 济南：山东友谊出版社，1994.

4. 李季平. 孔尚任与《桃花扇》［M］. 济南：齐鲁书社，2002.

5. 张玉芹. 孔尚任志［M］. 济南：山东人民出版社，2006.